THE MAXIMS IN THE NOVELS OF DUCLOS

ARCHIVES INTERNATIONALES D'HISTOIRE DES IDEES

INTERNATIONAL ARCHIVES OF THE HISTORY OF IDEAS

Series Minor

2

BETTE GROSS SILVERBLATT

THE MAXIMS IN THE NOVELS OF DUCLOS

THE MAXIMS IN
THE NOVELS OF DUCLOS

by

BETTE GROSS SILVERBLATT

MARTINUS NIJHOFF / THE HAGUE / 1972

ISBN 90 247 1346 3

PRINTED IN THE NETHERLANDS

TABLE OF CONTENTS

ACKNOWLEDGMENTS

I should like to express my great appreciation to Professor Lester G. Crocker for his encouragement and his perceptive criticism. As a teacher, scholar, and twentieth century "philosophe" he has been and is an inspiring model.

CHAPTER I

INTRODUCTION TO DUCLOS

The three novels of Charles Pinot Duclos, *Histoire de Madame de Luz*, *Confessions du Comte de ****, and *Mémoires pour servir à l'histoire des moeurs du XVIIIᵉ siècle*, are infused with maxims. They immediately present the fascinating situation of a fairly rigid and static *forme fixe* or *petit genre* within the potentially flowing and lengthily developed novel; and it is the primary object of this study to observe the functioning and scope of the one literary form within the other. A major interest of Duclos appears to be the study of man in society. The novels explore the varieties of human moral experience, and test out the possibility of a viable basis for human ethics. The high visibility of the maxims in these works suggests that they have an integral role to play in both the philosophic and aesthetic workings of Duclos' fiction.

What exactly is a maxim? Who was Duclos? How do the maxims function in the three novels? These basic questions, though not of equal importance for this study, must all be answered. It therefore seems advisable, after a review of the existing criticism, to situate Duclos in his century by means of a brief biographical sketch and a commentary on his works. Neither biography nor history will be used to "explain," or to claim influence on the novels of Duclos. The novels will each be treated as separate fictional entities to be entered and explored; and textual study will be central. Since modern editions of Duclos' novels are not always readily available, the maxims which appear in the novels have been grouped together in the appendixes of this work. Such a repertory may also have value in itself.

Existing criticism concerning Duclos yields very little true analysis of his novels, and even less of the maxims in these works. Four texts stand out as relevant to a study of Duclos the writer. First is the book *Charles Duclos* (Geneva: Droz, 1956) by Paul Meister. Meister's book examines thoroughly all known facts about the life of Duclos, and about the writing and publishing of each of his works. All this information is given with great accuracy. A recent work by Peter Brooks, *The Novel of Worldliness: Crébillon, Marivaux, Laclos, Stendhal* (Princeton: Princeton University Press, 1969), posits Duclos' novels as examples of the litera-ture of worldliness: one "directed to man's selfconscious social existence – his words and acts as formed by his consciousness of society." [1] Brooks treats the maxim and moral portrait as techniques of this literature. Indeed, he is the only critic so far to approach the maxim in the novel to any extent. Laurent Versini's publication of Duclos' *Confessions du Comte de* *** (Paris: Didier, 1969), presents a modern critical edition of this novel, including an intelligent introduction and textual notes. Versini suggests that Duclos' style, and especially his tendency to ab-straction in his maxims and portraits, merits investigation, and he sug-gests several approaches.[2] But this investigation is admittedly beyond the limits of his introduction. An unpublished doctoral thesis by Viktoria Skrupskelis, *Duclos as a Moralist* (Department of French, University of Illinois, 1966), is perhaps the fullest study of the novels of Duclos, and effectively examines his moral positions.

The vast majority of studies devoted to Duclos, which will be dis-cussed here chronologically, repeats known biographical data, compares him unfavorably to the major philosophers of the eighteenth century, or tries to relate his works to the socio-political situation of his age. These articles and books will be considered only in light of what they may add to an identification of our author.

During the eighteenth century, several literary figures who knew Duclos wrote a good deal about him, and much of the subsequent criti-cism is based on these writings. The pseudo-memoirs of Madame d'Épinay, first published in 1818, were perhaps the most damaging to his personal reputation. They present Duclos, given the name Desbarres, as a witty conversationalist who is well-liked at first, but proceeds to show his coarse and cruel language and excessive vanity, and emerges as a tyrant and a bit of a fool. The exaggeration of character faults and the distortion of ideas in this caricature of Duclos stem seemingly from personal bitterness.[3] Unfortunately, many later critics took these char-acteristics as fact and wrote of the terrible character of Duclos.

Sénac de Meilhan, a moralist and novelist of the latter part of the eighteenth century, wrote about Duclos in his *Considérations sur l'esprit et les moeurs*, and in his *Portraits et caractères au XVIIIᵉ siècle*. He

---

[1] Brooks, p. 4.
[2] Versini, p. xxx.
[3] Meister, p. 79.

again stresses biographical details, painting Duclos as a brilliant and
sometimes profound conversationalist, and among the top philosophers
and writers of his age.[4] He vaguely criticizes Duclos' style. "Son style a
de l'affectation, et l'antithèse est la figure qui domine dans ses écrits." [5]
He also claims that Duclos lacked the knowledge of a great historian.
Sénac de Meilhan recounted many supposed bons mots of Duclos, which
have been repeated throughout the criticism on Duclos. One of his
observations about the limits of Duclos' thought is indeed valid in part,
and important for this study:

Sa vue est juste, nette, mais ne s'étend pas loin. Il connaît l'homme, mais celui
de Paris, d'un certain monde, du moment où il écrit. Il n'a peint souvent qu'un être
fugitif. L'horizon de ses idées est borné. Dans un autre pays, dans un autre siècle,
l'homme de Duclos sera presque inconnu. . . . Il traçait les moeurs, les ridicules, les
vices, les fausses vertus des gens avec qui il soupait.[6]

Chamfort wrote two articles in *Le Mercure de France*, and several
reviews of Duclos' *Mémoires secrets* and *Voyage en Italie* when they
were published in 1791. Jean François de La Harpe, in his *Lycée, ou
cours de littérature ancienne et moderne*, wrote several essays on Duclos
and his works, and these appeared in many nineteenth century editions
of the works of Duclos. His remark that the word "femme" does not
appear in the *Considérations sur les moeurs du XVIIIe siècle*, is often
cited.[7]
    The first edition of the complete works of Duclos appeared in 1806,
and was published and introduced by Louis-Simon Auger. In 1821,
Mathieu Villenave published his edition of the complete works. Each of
their introductory essays repeats the well-known biographical data, and
treats the literary works only briefly. Octave Uzanne, in 1880, published
the contes of Duclos, which he considered to be the *Confessions du
Comte de* *** and *Acajou et Zirphile*, with a long "Notice bio-bibliographique." Most of Uzanne's essay is concerned with Duclos' life, but
there is some interesting literary analysis. He finds his works rather dry
and cold and fairly speciously attributes this to his never having loved
a woman: "Il avait la raison froide, les sensations ardentes et les sens
grossiers." [8] He notes in this same vein that Duclos includes many

----

[4] Sénac de Meilhan, *Portraits et caractères au XVIIIe siècle* (Paris: Poulet-
Malassis, n.d.), p. 323.
    [5] *Ibid.*, p. 326.
    [6] *Considérations sur l'esprit et les moeurs*, cited by Émile Henriot, "Duclos,"
Revue de Paris, April, 1925, p. 606.
    [7] Meister, p. 141.
    [8] Octave Uzanne, "Notice," in *Contes de Charles Duclos* (Paris: A. Quantin,
1880), p. lxi.

maxims in his works, and lists some, with no further analysis. He criticizes, much as did Sénac de Meilhan, his limited vision:

Duclos a plus observé, par ses aspects bornés, la société où il a vécu, qu'il n'a étudié le monde. ... Il a plus laissé tomber de boutades qu'il n'a écrit d'observations.[9]

He accurately, if rather vaguely, describes his style and use of maxim:

Son expression est juste, d'un tour animé, pleine de couleur et d'images. ... Il cherche la vérité épigrammatique et l'émet hardiment.[10]

Stendhal proclaimed many times that Duclos was his favorite author, and that he had much in common with him, and one finds many references to Duclos in his *Oeuvres intimes*. He seems to admire most Duclos' examination of human motivation and emotion. The *Mémoires secrets* are Stendhal's favorite, and he recommends that it be reread at least once every four years. From Duclos, he wrote, "on tire le jus de la connaissance de l'homme." [11]

The other major nineteenth century figure to discuss Duclos at length was Sainte-Beuve. He accepted the writings of Madame d'Épinay as fact, and wrote lengthily about the horrible character of Duclos. He considered him to be journalistic in his writing – recording what he observed around him. Duclos' *Histoire de Louis XI* received severe criticism from Sainte-Beuve. He felt that Duclos had merely shortened the work done by the Abbé le Grand, in an adaptation rather than a creative, independent work of history. He considered the *Mémoires secrets* even worse in this respect. When Duclos wrote these *Mémoires*, he had at hand several as yet unpublished memoirs of other writers, notably Saint-Simon. Sainte-Beuve clearly shows, by juxtaposing paragraphs, that Duclos copied much of the information pertaining to the reign of Louis XIV and to the Regency, directly from Saint-Simon.[12] Indeed the only part of the work said to be original and of value is that describing the Seven Years' War and its causes.

Jules Barni, in his *Les Moralistes français au XVIIIᵉ siècle* (Paris: Alcan, 1873), discusses Duclos as a moralist.[13] The published thesis of Léo Le Bourgo, *Un homme de lettres au XVIIIᵉ siècle, Duclos, sa vie et ses ouvrages* (Bordeaux: 1902), deals mainly with the life of Duclos, and gives summaries rather than analyses of his works.

[9] *Ibid.*, p. lxiv.
[10] *Ibid.*, p. lxv.
[11] Stendhal, *Correspondance*, ed. Henri Martineau (Paris: Le Divan, 1933), V, p. 146.
[12] Meister, p. 155.
[13] Barni, pp. 171-80.

Émile Henriot is one of the few to treat Duclos as an artist, novelist and moralist, but many of his comments are quite repetitive of past criticism. He reproaches Duclos for having painted contemporary society, rather than man in general, stating that his perspective is limited to one time and class.[14] He places him in the line of moralists running from La Bruyère and La Rochefoucauld to Chamfort and Rivarol.[15] He faults him for stating the principles of his immediate group rather than universal truths.[16]

Pierre Gilbert discusses Henriot's work on Duclos, adding little.[17] Paul Dimoff writes of his friendship with Rousseau,[18] and P. M. Bondois shows that Duclos did little in his position of royal librarian.[19] Karl Toth's long and interesting study appeared in final form in 1931. It examines the general period, and Duclos in relation to that period, rather than the works of literature of our author.[20]

Pierre Trahard's work on Duclos, enlightening though quite brief, is part of his study *Les Maîtres de la sensibilité française au XVIIIᵉ siècle* (Paris, 1932, II, pp. 287-310). He examines Duclos' literary contributions from this point of view. A 1936 thesis by Eléonore Heilmann, *Charles Pinot Duclos*, published in Wurzburg, repeats much of what Villenave stated in his introduction. Shelby T. McCloy's article, "Duclos, Historian and Philosopher," [21] shows little appreciation of any of the merits of Duclos, labeling him a poor historian and philosopher in every possible way. Dorothy McGhee looks to Duclos' writings themselves and in her brief account cites an effectively dramatic and clever style which overrides his tendency to compile and edit others' writing.[22]

Albert-Marie Schmidt's article, "Duclos, Sade et la littérature féroce," [23] compares the two as exponents of Jansenist-like world views, seeing vice as part of man's nature, and virtue as an anti-nature. Lester

---

[14] Émile Henriot, *Les Livres du second rayon* (Paris: Le Livre 1925), p. 145.

[15] Émile Henriot, "Duclos," *Revue de Paris* (April, 1925), p. 596.

[16] *Ibid.*, p. 601.

[17] Pierre Gilbert, "Une résurrection littéraire: Charles Pinot Duclos," *La Revue Critique des Idées et des Livres*, XCV (March 25, 1912), pp. 670-688.

[18] Paul Dimoff, "Relations de J. J. Rousseau avec Duclos," *Mercure de France*, DCXL (February 15, 1925), pp. 5-19.

[19] P. M. Bondois, "Crébillon et Duclos à la bibliothèque du roi," *RHLF*, CXXXVIII (1931), pp. 599-602.

[20] Karl Toth, *Women and Rococo in France*, trans. Roger Abingdon (Philadelphia: J. B. Lippincott, 1931).

[21] Shelby T. McCloy, "Duclos, Historian and philosopher," *The South Atlantic Quarterly*, XXXVIII (January, 1939), pp. 60-74.

[22] Dorothy McGhee, *The Case against Duclos* (St. Paul: Hamline University, 1949).

[23] Albert-Marie Schmidt, "Duclos, Sade et la littérature féroce," *Revue des Sciences Humaines*, LXII-LXIII (April-September, 1951), pp. 146-155.

G. Crocker, in *An Age of Crisis: Man and World in Eighteenth Century French Thought,* presents some possible implications of the plight of Duclos' Madame de Luz. He concludes that the lesson one most readily draws from the sufferings of this virtuous woman is that the good and moral people of the world either succumb in weakness to their own passions or to those of others, and that "men are devoted to evil, and evil rules the world." [24] Our analysis of the ensemble of Duclos' works will show that he never proposed a system like that of Sade, where virtue necessarily brings on unhappiness and where vice triumphs. Although such a conclusion may be drawn from this novel, Duclos' development of analogous situations elsewhere in his work indicates an ironic world view in which both the moral nihilist and the absolute moralist are unmasked.

In his own age, Charles Duclos (1704-1772) was considered a literary personage of considerable importance. Historian, grammarian, academician, moralist and memorialist as well as novelist, his work, the *Confessions du Comte de ****, was the third most published and read novel of the eighteenth century, coming after the *Lettres persanes* of Montesquieu and *La Nouvelle Héloise* of Rousseau.[25] Today he is classed among the "second-rate" novelists and moralists of his century, little-studied and less read. Who was this man?

The details of his life are fairly well known, both as a result of the autobiography he began and which covered his first twenty-five years,[26] and the commentaries which accompanied eighteenth and nineteenth century editions of his works. As a major literary figure of the Parisian scene, he also figures in published memoirs of the period. This synopsis of the life of Duclos is meant neither as a comprehensive biography nor as a basis for drawing parallels and influences upon the novels to be studied in this work, but mainly to identify and situate the writer Duclos.[27]

Charles Pinot Duclos was born in 1704 in Dinan, in Brittany, the youngest child of a solid bourgeois family of merchants. His father died when Duclos was two and one half years old, and a brother, his elder by seventeen years, shortly thereafter entered a religious order. In 1709

---

[24] Lester G. Crocker, *An Age of Crisis: Man and World in Eighteenth Century French Thought,* (Baltimore: Johns Hopkins Press, 1959), p. 429.

[25] Versini, p. xxxviii.

[26] *Mémoires sur la vie de Duclos,* published in 1806.

[27] Many generally accepted biographical facts and dates of publication, not footnoted specifically, can be examined in detail in Meister's book and in Duclos' autobiographical fragment.

his twenty-three year old sister married a "secrétaire du roi" in Rennes. His mother emerges as an exceptional figure: an unusual person who realizes her son's talent, sets goals for him, and carries them through. She chose to continue running the family business and not to remarry.

Duclos studied first in Rennes while living with his sister's family, and it was thought he would enter the world of commerce. But his unusual intelligence began to show, and he was given Latin lessons by a peasant student who was training to be a priest. This is a first example of the poor education which Duclos himself commented on so very often in his works.

At the age of nine, Duclos was sent to Paris to continue his education. For five years he studied at the Academy of the Marquis de Dangeau, and then at the Collège d'Harcourt. He continued to excel among his aristocratic classmates, and to receive many prizes. He then entered law school and led a reputedly libertine existence. The scholastic jargon of his classes failed to interest him, and he admitted more fascination with literature than with his supposed law subjects:

Mais pour dire les choses fidèlement, je m'occupais très peu des devoirs que je paroissois m'imposer; je donnois presque tout mon temps à la lecture des belles-lettres latines et françaises.[28]

In 1726, at the age of twenty-four, Duclos began spending time at the Café Procope, and entering into philosophical discussions with, among the more famous, Boindin, Fréret, Piron, l'Abbé Terrasson, and the actor Baron.[29] And at the Café Gradot, the other Parisian literary center, he talked with Maupertuis and Saurin. His reputation grew as a "causeur spirituel," an effective and witty conversationalist, as he proudly admitted:

Dans la conversation, j'ai un tour et un style à moi, qui, n'ayant rien de peine, d'affecté, ni de recherché, est à la fois singulier et naturel.[30]

It was at about this same time that Duclos gained entrance into several of the leading salons of Paris. These were meeting places for all those interested in literature, including nobles, wealthy bourgeois, men of finance, or artists. Personal merit in one's specialty was the key to acceptance, supplanting the privileges of birth to a major extent. This was

---

[28] Charles Pinot Duclos, *Mémoires, Oeuvres Complètes,* ed. Villenave (Paris: A. Belin, 1821), I, p. 21.
[29] *Ibid.,* p. 22.
[30] Meister, p. 21.

quite different from the salons of the seventeenth century, as Meister
explains:

Le monde, en tant que libre groupement de gens de conditions inégales est une in-
novation du dix-huitième siècle. Auparavant, la hiérarchie de la société était scrupuleusement respectée: les écrivains du Grand Siècle ne pouvaient songer à se
voir traiter sur un pied d'égalité, ils n'étaient que les protégés, les "amuseurs" des
grands.[31]

Duclos had access to the salons of Mme. de Stael, Mme. Delaunay, Mme.
du Deffand, Mme. de Tencin, le Comte de Caylus, and Mlle. de
Quinault.[32]

In 1737, Duclos wrote "une tragédie badine" entitled *La Mort de
Mardi-Gras*, which he burned.[33] Then in 1739, with a growing reputation
for his wit but with nothing published, Duclos was named a member of
the Académie des Inscriptions et Belles-Lettres, and it was to this learned
body that he read his first essay, *Mémoire sur les épreuves par le duel
et par les éléments, communément appelées jugemens de Dieu*. Meister
asserts that his essays composed for the Academy have only a feeble
interest in retrospect, showing the state of erudition in 1740.[34] Quite to
the contrary, we feel these works are essential to all those who would
know Duclos fully, both as an indication of the direction of study that
he was to take, and of certain elements of his style. When one reads
these papers carefully, it becomes evident that Duclos, in his study of
history, was most interested in the human reasons behind customs and
events. His questioning mind rejects the simple explanations most often
given by historians and moralists, and he never hesitates to explore areas
and questions already treated at length. His methods here and elsewhere
seem to be based on a careful study or observation of the subject, the
use of concise and far-reaching aphorisms to express what he has learned
and of series of specific examples. A selection of several maxims from
this work may be illustrative of these tendencies.[35]

Ce ne sont pas toujours les points d'histoire traités par un plus grand nombre
d'auteurs qui sont les mieux éclaircis; les historiens sont souvent les échos les uns
des autres. (III, 497)
    L'obscurité qu'on rencontre ... dans l'histoire, vient de ce que les auteurs qui
écrivent celle de leur temps, ne s'avisent guère d'expliquer les usages connus auxquels sont relatifs les faits qu'ils rapportent ... C'est ainsi que la lettre la plus

[31] *Ibid.*, p. 93.
[32] *Ibid.*, p. 98.
[33] *Ibid.*, p. 14.
[34] *Ibid.*, p. 161.
[35] All volume and page references in this study are to the Villenave edition of
Duclos' *Oeuvres complètes*, unless otherwise indicated.

simple d'un ami à un autre serait souvent une énigme pour un tiers. (III, 497)

Rien ne fortifie le préjugé comme un ancien usage. (III, 506)

Chaque siècle a ses folies et ses erreurs, le commun des hommes pense d'après le génie de son siècle; mais lorsque l'ivresse en est passée, on est surpris à quel point on a été dupe: la superstition et le goût pour le merveilleux, ont toujours été les maladies incurables de l'esprit humain. (III, 513)

Les hommes ont toujours aimé à prendre le sort pour arbitre, et les peuples les plus anciens ont eu leurs épreuves. (III, 514)

Il y a dans l'esprit humain des germes universels de folie qui éclosent d'eux-mêmes. (III, 514)

Duclos is quick to seize the human weakness and susceptibility to super-stition apparent in the tradition of trials by the elements and by dueling, and, as one quite often finds in the eighteenth century in France, is equally ready to generalize about human nature throughout time.

In 1740, he wrote the *Mémoire sur l'origine et les révolutions des langues celtique et française*. The study of the alphabets of these lan-guages yields the opinion that they are similar to that of the Greeks. He traces the changes in the language under the Romans, the Francs, and Charlemagne, and attempts to explain the formation of varying French dialects by the large land area involved. This concept of the influence of geography upon the customs of a people appears similar to, though by no means as developed as, that of Montesquieu.

In December of 1740 Duclos published his first novel, the *Histoire de Madame de Luz*, which had some immediate success. In January of 1741 he appended the *Lettre à l'auteur de Madame de Luz* to the novel. There are four known editions of the work. That same year, Duclos was asked to write a history of the reign of Louis XI, the research for which had already been begun by the Abbé Legrand,[36] and he also wrote the *Mémoire sur l'origine et les révolutions de la langue française*. At the end of 1741, Duclos' second novel, the *Confessions du Comte de **** was published. It caused a great literary stir. Eight editions appeared within the first year, and three more in Duclos' lifetime, and the work was translated into English and German.[37]

In 1742, Duclos wrote the *Mémoire sur les jeux scéniques des Ro-mains, et sur ceux qui ont précédé en France la naissance du poème dramatique*. This essay expounds his theory that every civilization has its "spectacles," and that their nature varies with the level of culture and the type of life generally led by the people:

Les jeux qui naissent de la force et de l'adresse, sont toujours les premiers connus d'un peuple naissant. Tout ce qui a rapport aux exercices du corps, plaît et devient

[36] Meister, p. 15.
[37] *Ibid.*, p. 132.

nécessaire, avant qu'on ait la moindre idée des talens de l'esprit, qui ont besoin d'une longue suite de temps, pour être cultivés. (I, 594)

Il est certain qu'un peuple continuellement armé, occupé de guerres étrangères et de dissensions domestiques, devait être moins sensible à un art délicat, qu'à des représentations grossières et licencieuses. La délicatesse est rarement le partage de ceux qui vivent dans le tumulte des armes. (I, 599)

It is most interesting to note how Duclos searches out, in his erudite writings as well as in his novels and works on morals, the human characteristics and needs which are at the base of customs and practices. He traces the varieties of classic and medieval French drama, including satires, pantomimes, comedies, tragedies, *soties, mystères,* and *moralités.* He expresses the subtle differences between the influence of one culture on another similar one, and the seemingly spontaneous growth of comparable forms of art:

Il n'y a pas toujours dans les arts la tradition qu'on suppose de peuple en peuple. Des nations éloignées les unes des autres par une grande distance de lieux ou de temps, ont des arts et des usages communs. Les Chinois ont un théâtre, sans qu'on puisse les soupçonner d'en avoir pris l'idée des Européens, ou de la leur avoir communiquée. Lors de la découverte de l'Amérique, on y trouve des jeux scéniques. Il ne faut pas croire que des nations absolument ignorées les unes des autres, eussent toujours des moeurs et des arts différens. Les mêmes besoins, les mêmes goûts, les mêmes caprices font naître les mêmes idées et fournissent les mêmes moyens. L'imitation n'est souvent qu'un développement plus prompt de ce que les imitateurs mêmes auraient imaginé, sans secours étrangers, mais qu'ils n'auraient perfectionné que dans un temps plus long. D'ailleurs, il faut qu'il y ait déjà quelque rapport entre un peuple qui cherche à imiter et celui qu'il prend pour modèle. ...Il y a des arts, tel que le dramatique, qui exigent presque autant de goût pour être sentis, que pour être cultivés. (I, 603)

Again, the tendency of Duclos to generalize and attempt universal conclusions from his readings and his experience is evident; the obvious danger being the coming to a false conclusion based on limited facts.

In 1743, the Royal Academy of Music presented Duclos' *Les Caractères de la folie,* a ballet in three acts with music by Bury. The work had no success, but gained admittance for its author to the opera and other public festivals. The poetry of the play has nothing in particular to recommend it. The play is composed of a series of three "entrées" or acts, three variations on a theme. They are held together only and very thinly by an introduction and a prologue, where the announced goal of showing three forms of folly, with love using and triumphing over each, is set forth. Maxims abound in the work:

> L'Amour et la Folie unissent leurs autels;
> Venez leur rendre vos hommages:
> Ils règnent sur tous les mortels.
> Leurs plaisirs sont de tous les âges.
> Venez jouir dans ce séjour
> Des biens les plus doux de la vie:
> On les demande à l'Amour,
> On les obtient de la Folie.   (I, 629-30)

In the first "entrée," the superstitious belief of a shepherdess Florise is used by her suitor Licas to win her hand. Her astrologer agrees the stars are for the union, after being briefed by Licas. In the second act, the passion of ambition is used by Palmire, queen of Lesbos, to ferret out which of two suitors, Arsame or Iphis truly loves her, and which the throne. She proposes that one choose to marry her and the other become king, and Iphis' quick offer to marry her leads him to the throne as well, since "La grandeur peut séduire, Mais l'amour rend heureux." (I, 642) The third act shows the caprices of love in action. The vanity of Céphise and her jealousy of the beauty title of Eucharis prevent her from returning the love of Agenor. Eucharis explains to Agenor that her title means nothing and she is quite willing to give it up to Céphise if Agenor can return her love, since,

> Les éloges de la beauté
> Ne charment que la vanité,
> Et ne flattent point la tendresse.   (I, 646)

Her virtue inspires immediate passion in him. It can be readily seen from this summary, and the citations presented, that this play by Duclos incorporates characteristics of the medieval morality play or allegory (the personification of vices and virtues) and of the classical play's use of chorus and mythological figures. The situations in this play lack originality in conception or in presentation. There is no wit, and the maxims are fairly commonplace. The result must be classed mediocre at best.

Duclos' short story, *Acajou et Zirphile*, was written in 1774, supposedly to win a bet. He used the ten drawings ordered by the Comte de Tessin from Boucher as a basis of this tale. Tessin had ordered these designs in 1741 from the "premier peintre du roi" for a story entitled *Jaunillant ou l'enfant jaune*,[38] but he was called back to Sweden from his position as ambassador, and the work was not completed. Boucher showed the designs to Duclos, Caylus, and Voisenon, and all three then produced tales based on them, though Duclos' story was the only one

---

[38] Villenave, p. viii.

published with the ten drawings. Favart then wrote an opera based on *Acajou et Zirphile*.[39]

Meister asserts that the circumstances behind the writing of this work comprise the only interest it holds for the reader today.[40] Skrupskelis calls it Duclos' best work, without any further analysis.[41] Most other critics ignore it, or talk only of its curious inception. This unusual conte merits a complete analysis – one which goes beyond the scope of this introduction to Duclos. It is most strikingly different in length, manner of intrigue, and type of character from the three novels to be considered, and its treatment would therefore be inappropriate in the main body of our study. A fascinating characteristic of this fairy tale is the profusion of maxims within it.[42] These short and lively reflections on customs and human traits show a consistency in Duclos' means of expression and avenues of thought. The prefatory *Épitre au public* itself caused much notice and public objection when the work was released, and was answered by Fréret in the *Réponse du public à l'auteur d'Acajou et Zirphile*.[43] Duclos' avowed goal is to "faire une sottise," (I, 391) but foolish writings have already been produced in the fields of politics, morals, and literature. And what form should he adopt?

La géométrie, qui a succédé à l'érudition, commence à passer de mode. On sait à présent qu'on peut être aussi sot en résolvant un problème qu'en restituant un passage. Tout est compatible avec l'esprit, et rien ne le donne. . . . Pour le bel esprit, si envié, si décrié et si recherché, il est presque aussi ridicule d'y prétendre, que difficile d'y atteindre. . . . On méprise l'érudit, le géomètre ennuie, le bel esprit est sifflé: comment faire? (I, 391)

And then in a caustic comment on the reading and judging public, a public he paints in the novels, he states:

Je ne sais, mon cher Public, si vous approuverez mon dessein; cependant il m'a paru assez ridicule pour mériter votre suffrage; car, à vous parler en ami, vous ne réunissez tous les âges que pour en avoir tous les travers. Vous êtes enfant pour courir après la bagatelle; jeune, les passions vous gouvernment; dans un âge plus mûr, vous vous croyez plus sage parce que votre folie devient triste; et vous n'êtes vieux que pour radoter: vous parlez sans penser, vous agissez sans dessein, et vous croyez juger parce que vous prononcez. Je vous respecte beaucoup, je vous estime très peu, vous n'êtes pas digne qu'on vous aime. (I, 392)

The story begins appropriately with a maxim indicating its direction: "L'esprit ne vaut pas toujours autant qu'on le prise; l'amour est un bon

---

[39] *Ibid.*, p. ix.
[40] Meister, p. 161.
[41] Skrupskelis, p. 227.
[42] See Appendix C for a complete listing of these maxims.
[43] See the Uzanne edition of Duclos' works for this *Réponse*.

précepteur; la Providence sait bien ce qu'elle fait: c'est le but moral de ce conte." (I, 393) And then is spun the tale of the love of Acajou and Zirphile in an imaginary land, which at last united them despite the machinations of evil and jealous fairies, and with the aid of magic scarves and trips to the "Land of Ideas and the Bodyless." The intrigue, which does indeed follow the format of the drawings,[44] appears to travel the typical fairy tale line of "once upon a time" which eventually leads to "lived happily ever after." What is interesting and unusual in this conte, and similar in respects to those of Voltaire and of Diderot, are the varieties of narrative technique employed. The wit of the unexpected sentence ending, so often used by Voltaire in *Candide* and his other tales, is used many times by Duclos, as in the following case:

Les génies et les fées crurent l'affaire assez importante, pour indiquer une assemblée générale. La chose fut exposée, agitée, discutée; on parla, on délibera beaucoup, et cependant on résolut quelque chose. (I, 394)

Also like Voltaire are the erudite, but completely fictitious and absurd, descriptions of the origins of certain items, such as drugs and glasses. Like Diderot and others, Duclos interjects conversations with the reader throughout this story. The haughty tone of the *Épitre* is seen in these passages, whether he is telling the reader to use his imagination and save the author the trouble of a description of the magic palace (I, 394) – this distaste for a description of surroundings or of the picturesque is seen in almost all of Duclos' writings – or musing whether the reader has been wise enough to guess the outcome of the story (I, 417), or in the maxims

---

[44] Villenave describes the drawings as follows on page x:
"1. Le frontispice représente l'auteur en robe de chambre, écrivant dans son cabinet, entouré de génies badins, de rats, de magots, de papillons et de fumée.
2. Le prince Percebourse, héros du conte, est représenté se promenant dans l'allée des idées. Il est habillé à la française, suivant la mode et la coûtume du temps.
3. Le prince Percebourse raisonne avec la fée aux écharpes, sortie d'une groseille qu'il vient de cueillir.
4. Deux petites naines trouvées dans une autre groseille, veulent donner des croquignoles au prince, qui est fort embarrassé.
5. Le prince assis dans la même allée des idées, voulant manger un abricot, en fait sortir la tête d'une jeune princesse, un peu triste et penchée.
6. Percebourse ayant cherché le corps de cette princesse, le trouve non sans peine, et rajuste la jolie tête et les petites mains qui lui appartenaient.
7. La fée Vicieuse marie le prince Percebourse avec la princesse Pensive.
8. La princesse Pensive est arrêtée par le géant Borgne.
9. La fée Lutine prend soin d'un jeune enfant appelé le prince des Coudes, et qui paraît destiné à être l'amant de Jaunillanne, ou l'Infante jaune, fille de Pensive et Percebourse.
10. Pensive renverse un verre magique, ce qui lui attire les malédictions de l'enchanteur Grossourcils et de la fée Robinet."

in general. These maxims explore love in many of its variations, and, it may be noted, include some of the wittiest and most finely expressed of Duclos' maxims; the most similar to those of La Rochefoucauld. Of note also in *Acajou et Zirphile,* are Duclos' criticisms of education, his unusual description of magical drug induced madness, and his amusing and cutting description of the faults of a salon:

Lorsque le prince fut un peu plus grand, la fée manda des maîtres de tous côtés; et, comme en fait de méchanceté elle ne restait jamais dans le médiocre, elle changea tous les objets de ses maîtres. Elle fit venir un fameux philosophe, le Descartes ou le Newton de ce temps-là, pour montrer au prince à monter à cheval et à tirer des armes; elle chargea un musicien, un maître à danser, et un poète lyrique de lui apprendre à raisonner; les autres furent distribués suivant ce plan, et ils en firent d'autant moins de difficulté, que tous se piquent particulièrement de ce qui n'est pas de leur profession. Qu'il y a de gens qui feraient croire qu'on a pris les mêmes soins pour leur éducation! (I, 397)

Il prit une grappe de raisin pour se rafraîchir; mais à peine en eut-il goûté, qu'il sentit en lui une révolution extraordinaire; son esprit augmentait de vivacité, et son coeur devenait plus tranquille. Son imagination s'enflammant de plus en plus, tous les objets s'y peignaient avec feu, passaient avec rapidité, et s'éffaçaient les uns les autres; de façon que, n'ayant pas le temps de les comparer, il était absolument hors d'état de les juger: en un mot, il devient fou. (I, 410-11)

La cour de la petite fée rassemblait tout ce qu'il y avait de gens aimables dans le royaume de Minutie. Les jours qu'elle tenait appartement, rien n'était si brillant que la conversation. Ce n'était point de ces discours où il n'y a que du sens commun, c'était un torrent de saillies, tout le monde interrogeait, personne ne répondait juste, et l'on s'entendait à merveille, ou l'on ne s'entendait pas, ce qui revient au même pour les esprits brillans; l'exagération était la figure favorite et à la mode: sans avoir de sentimens vifs, sans être occupé d'objets importans, on en parlait toujours le langage; on était *furieux* d'un changement de temps; un ruban ou un pompon était *la seule chose qu'on aimait au monde;* entre les nuances d'une même couleur, on trouvait *un monde de différence;* on épuisait les expressions outrées sur les bagatelles, de façon que, si par hasard on venait à éprouver quelques passions violentes, on ne pouvait se faire entendre, et l'on était réduit à garder le silence; ce qui donne occasion au proverbe: *Les grandes passions sont muettes.* (I, 397-8)

Clearly, Duclos' original usage of the fairy tale for effective satire, and the speed and wit of his narration, render *Acajou et Zirphile* a most interesting work, and one which has been unjustly ignored by Duclos' critics.

In this same year, 1744, Duclos was made mayor of Dinan, and "Député du Tiers aux États de Bretagne," [45] and began to spend part of each year in Brittany to fulfill his political responsibilities. In 1745, his *Histoire de Louis XI* was published, and within two months of publication this work was placed on the index of forbidden books, because of

[45] Meister, p. 15.

plusieurs endroits contraires, non seulement aux droits de la couronne sur différentes provinces du royaume, mais au respect avec lequel on doit parler de ce qui
regarde la religion ou les règles des moeurs, et la conduite des principaux ministres de l'église.[46]

Duclos refused to cut out the banned parts, and amazingly enough the
book was reprinted in 1750. Perhaps the most interesting part of this
work for the modern reader is the preface, where Duclos expounds his
theory of the utility of history and the historian, and where he claims
that scrupulous research is behind his work (which runs counter to the
criticisms of plagiarism which were to meet the publication of the
history), and that he will attempt to correct some of the inaccuracies of
other historians in painting the period. Again, maxims are used to express
central concepts, such as his feeling that political man must look to
history to learn how to shape the present and the future:

On ne voit sur le théâtre du monde qu'un certain nombre de scènes qui se succè-
dent et se répètent sans cesse: quand on aperçoit les mêmes fautes suivies régu-
lièrement des mêmes malheurs, on doit raisonnablement penser que si l'on eût
connu les premières, on aurait évité les autres. Le passé doit nous éclairer sur
l'avenir: la connaissance de l'histoire n'est qu'une expérience anticipée. (II, 6)

The vision he possesses of the educated man choosing what is best for
the society in which he lives, appears close in many respects to the
utilitarian answer to the question of how men can best live in society:

On verra combien les vertus et les vices des hommes dépendent des moeurs de leur
siècle; qu'ils n'ont presque jamais de principes sûrs, et n'agissent que par imitation; que les siècles les moins polis sont les plus vicieux, et que la vertu s'épure à
mesure que l'esprit s'éclaire: nous sentons alors que nos véritables intérêts dépendent d'être unis à l'intérêt commun. . . . Ce que j'avance au sujet d'une nation peut
s'appliquer aux particuliers. Les hommes privés de lumières sont toujours dans l'occasion du crime; au lieu qu'un homme d'esprit, n'eût-il que des vues d'intérêt, sent
qu'il n'a point de meilleur parti à prendre que d'être honnête homme. On est bien
près de suivre la vertu, quand on est obligé de rougir du vice. (II, 7-8)

Among the many details of this work, which extends over six hundred
pages in the Villenave edition, one might select two maxims which
effectively present Duclos' attitude toward figures of history, and toward
men in general:

Un prince parfait n'est qu'une belle chimère qui peut se trouver dans un panégy-
rique, et qui n'a jamais existé dans l'histoire. (II, 406)
    La principale erreur où l'on tombe, en voulant peindre les hommes, est de sup-
poser qu'ils ont un caractère fixe, au lieu que leur vie n'est qu'un tissu de contra-
riétés: plus on les approfondit, moins on ose les définir. (II, 403)

[46] *Ibid.*

Villenave reports that those who criticized the work said it lacked "profondeur, gravité, élévation," and had a "style dogmatique, sententieux, brusque, et sans liaison"; while admirers said he had the "profondeur de Tacite" and successfully showed the secret causes of great events.[47] We can state that whatever the historical faults, or the truth of the accusations as to originality, the work is admirable for its lively narration filled with reflections and portraits of the great.

Duclos was a member of a group centered around Maurepas, to whom the *Histoire de Louis XI* had been dedicated. In 1745 he wrote the last chapter of their collective work entitled *Recueil de ces messieurs*. This brief essay purports to be a criticism of the thirteen stories in the anthology. The tone is pseudo-naive and light. The writer, being such a "fine critic," feels he has no need to read the works to comment on them, but only their titles! The maxims found here are mocking of the supposed subjects, and are interesting also for their concepts:

On ne dit jamais de bien des morts que pour humilier les vivants, comme on exalte les étrangers pour ne pas reconnaître de supérieurs dans sa patrie. (I, 670)

Je ne puis m'empecher d'observer que les hommes ne suivent que l'impétuosité de leurs désirs, en recherchant les femmes; celles-ci, avec les sens plus calmes, ont le coeur plus tendre: une femme, dans cet état, voudrait que son amant fût comme elle, satisfait de la possession du coeur; mais il presse, il pleure, il supplie, il excite la compassion; elle ne peut voir son amant malheureux, elle cède à la pitié, à la tendresse, à la générosité seule; elle accorde tout, non pour elle, mais pour lui. L'amant est-il heureux? Aussitôt ses feux s'éteignent, il devient inconstant, il court vers un autre objet; et le voilà perfide, sans que sa maîtresse ait rien à se reprocher que des vertus et une faiblesse. (I, 671)

L'habitude et la paresse font qu'insensiblement ... un garçon sait toujours ce qu'il faut dire et jamais ce qu'il faut penser. Une fille, au contraire, est obligée, grâce au peu de soin qu'on prend de son éducation, de penser d'elle-même. (I, 672)

L'esprit est quelque chose de décidé; la raison est arbitraire. (I, 673)

La marque de l'esprit borné d'un siècle, est lorsque tout le monde en a; c'est la preuve qu'il n'y a point d'esprits supérieurs; car ils ne sont jamais en troupe. (I, 674)

In 1746, Duclos presented to the Académie des Inscriptions et Belles-Lettres the *Mémoire sur les Druides*, in which he reports on different etymologies of the word "druid." He examines the hierarchy and principal orders of druids and studies their dogma. This same year, supposedly as a result of the efforts of his friends, Duclos was elected to the Académie Française.[48] His *Discours* pronounced upon acceptance to this group on January 26, 1747, contains the typical praises of the Academy and of his predecessor, the Abbé Mongault. Its greatest interest for us is

[47] Villenave, p. xi.
[48] Meister, p. 16.

his commentary on those methods of writing which succeed both in amusing and in instructing:

Des savans, qui connaissaient trop les hommes pour ignorer qu'il ne suffit pas d'être utile pour leur plaire, et que le lecteur n'est jamais plus attentif que lorsqu'il ne soupçonne pas qu'on veuille l'instruire, présentent l'érudition sous une forme agréable. ... Des philosophes, animés du même esprit, cachent les préceptes de la morale sous des fictions ingénieuses, et donnent des leçons d'autant plus sûres qu'elles sont voilées sous l'appât du plaisir, espèce de séduction nécessaire pour corriger les hommes, à qui le vice ne paraît odieux que lorsqu'ils le trouvent ridicule. (I, 42)

In 1747, Duclos wrote his last essay for the Académie des Inscriptions et Belles-Lettres, *Sur l'art de partager l'action théâtrale*. It considers the arrangement of lines and gestures found in Roman plays. Duclos opts for a natural presence on stage rather than set gestures and intonations to convey emotions, since these are impossible to record and transmit accurately. He also did some work that year arranging French and Latin manuscripts at the Bibliothèque du Roi.[49] In 1750, Duclos was named "Historiographe de France" to replace Voltaire who was residing in Prussia, and he relinquished his position as mayor of Dinan, while retaining his seat in the government of the province.[50]

Then in February of 1751, the first of eleven editions of the *Considérations sur les moeurs de ce siècle* was published, and, later that year, the *Mémoires pour servir à l'histoire des moeurs du XVIIIᵉ siècle*,[51] Duclos' third and final novel, was published with the *Considérations*. The *Considérations* was immediately translated into English and German. Montesquieu wrote to Duclos about the work:

Vous avez bien de l'esprit et dites de bien belles choses. On dira que Labruiere (sic) et vous connoissez bien votre siècle; que vous êtes plus philosophe que luy et que votre siècle est plus philosophe que le sien; quoy qu'il en soit. vous êtes agréable à lire et vous faites penser.[52]

It would appear that this short treatise on mores achieved great and rapid success, and other jealous writers claimed it for their own.[53] In our study of the novels of Duclos, the *Considérations* is most intriguing for the view of man and the society of eighteenth century man which emerges. Duclos sees his own age as one of revolution in the field of

---

[49] P. M. Bondois, "Crébillon et Duclos à la bibliothèque du roi," RHLF, CXXXVIII (1931), pp. 599-602.

[50] Meister, p. 16.

[51] This title was shortened in later editions to read *Mémoires sur les moeurs de ce siècle*. We will refer to it as such.

[52] Uzanne, p. lx.

[53] *Ibid.*, p. lvii.

moeurs, and one where "une certaine fermentation de raison universelle" is developing. (I, 55) He will attempt a study of the principles which guide men, since "les hommes ne sont inconséquens dans leurs actions, que parce qu'ils sont inconstans ou vacillans dans leurs principes." (I, 47) He hopes that in a limited study of the mores of his age, especially those of the groups he has frequented, he will be able to usefully make known "l'homme de tous les temps." (I, 48)

Duclos at first questions the meaning of the term *moeurs*. Generally, he decides, it means the "habitudes naturelles ou acquises pour le bien ou le mal," (I, 48) and as for nations, it refers to customs which influence "la manière de penser, de sentir et d'agir, ou qui en dépendent." (I, 49) He considers it especially important to begin a study of man without approaching him in the Jansenist manner, supposing that man

n'est qu'un composé de misère et de corruption, et qu'il ne peut rien produire d'estimable. Ce système est aussi faux que dangereux. Les hommes sont également capables du bien et du mal; ils peuvent être corrigés, puisqu'ils peuvent se pervertir; autrement, pourquoi punir, pourquoi récompenser, pourquoi instruire? Mais, pour être en droit de reprendre, et en état de corriger les hommes, il faudrait d'abord aimer l'humanité, et l'on serait alors à leur égard juste sans dureté, et indulgent sans lâcheté. (I, 49)

Men are most often considered to be full of *amour-propre* and attached to their own self-interest, acknowledges Duclos, but,

ces dispositions n'ont par elles mêmes rien de vicieux, elles deviennent bonnes ou mauvaises par les effets qu'elles produisent. C'est la sève des plantes; on n'en doit juger que par les fruits. . . . Qu'importe, en effet, qu'un homme ne se propose dans ses actions que sa propre satisfaction, s'il la fait consister à servir la société? . . . La vertu purement désintéressée, si elle était possible, produirait-elle d'autres effets? Cet odieux sophisme d'intérêt personnel n'a été imaginé que par ceux qui, cherchant toujours exclusivement le leur, voudraient rejeter le reproche qu'eux seuls méritent sur l'humanité entière. Au lieu de calomnier la nature, qu'ils consultent leur vrais intérêts, ils les verront unis à ceux de la société. . . . Qu'on apprenne aux hommes à s'aimer entre eux, qu'on leur en prouve la nécessité pour leur bonheur. On peut leur démontrer que leur gloire et leur intérêt ne se trouvent que dans la pratique de leurs devoirs. En cherchant à les dégrader, on les trompe, on les rend plus malheureux; sur l'idée humiliante qu'on leur donne d'eux-mêmes, ils peuvent être criminels sans en rougir. Pour les rendre meilleurs, il ne faut que les éclairer: le crime est toujours un faux jugement. . . . Voilà toute le science de la morale. . . . Dès qu'une société est formée, il doit y exister une morale et des principes sûrs de conduite. Il s'agit donc d'examiner les devoirs et les erreurs des hommes; mais cet examen doit avoir pour objet les moeurs générales, celles des différentes classes qui composent la société, et non les moeurs des particuliers; il faut des tableaux et non des portraits; c'est la principale différence qu'il y a de la morale à la satire. (I, 49-50)

These preceding passages have been quoted at length because they so richly illustrate both the ideas of Duclos, and the forms chosen by him to express these ideas. In many ways, the novels present the other method of examining the state of *moeurs* in the eighteenth century, the detailed view of particular men and women and their weaknesses and errors: the portrait rather than the general tableau. The maxims in each of the two types of works have parellel roles.

 Toward what goals would Duclos have man aim to better his less than perfect state, and how would he propose to do this? Several maxims of the *Considérations* express these aims:

L'état le plus heureux serait celui où la vertu ne serait pas un mérite. Quand elle commence à se faire remarquer, les moeurs sont déjà altérées, et si elle devient ridicule, c'est le dernier degré de la corruption. (I, 50)

 On trouve parmi nous beaucoup d'instruction, et peu d'éducation. ... Nous avons tous dans le coeur des germes de vertus et de vices; il s'agit d'étouffer les uns et de développer les autres. Toutes les facultés de l'âme se réduisent à sentir et penser; nos plaisirs consistent à aimer et connaître: il ne faudrait donc que régler et exercer ces dispositions, pour rendre les hommes utiles et heureux par le bien qu'ils feraient et qu'ils éprouveraient eux-mêmes. Telle est l'éducation qui devrait être générale. (I, 54)

 Tout ce que les lois exigent, ce que les moeurs recommandent, ce que la conscience inspire, se trouve renfermé dans cet axiome si connu et si peu développé: "Ne faites point à autrui ce que vous ne voudriez pas qui vous fût fait." Voilà la vertu. Sa nature, son caractère distinctif consiste dans un effort sur soi-même en faveur des autres. C'est par cet effort généreux qu'on fait un sacrifice de son bien-être à celui d'autrui. On trouve dans l'histoire quelques uns de ces efforts héroiques. Tous les degrés de vertu morale se mesurent sur le plus ou le moins de sacrifices qu'on fait à la société. (I, 70)

 Les hommes sont destinés à vivre en société, et de plus, ils y sont obligés par le besoin qu'ils ont les uns des autres: ils sont tous, à cet égard, dans une dépendance mutuelle. Mais ce ne sont pas uniquement les besoins matériels qui les lient; ils ont une existence morale qui dépend de leur opinion réciproque. (I, 76)

 Les qualités propres à la société, sont la politesse, la franchise sans rudesse, la prévenance sans bassesse, la complaisance sans flatterie, les égards sans contrainte, et surtout le coeur porté à la bienséance; ainsi l'homme sociable est le citoyen par excellence. (I, 93)

 Les moeurs d'un peuple font le principe actif de sa conduite, les lois n'en sont que le frein; celles-ci n'ont donc pas sur lui le même empire que les moeurs. On suit les moeurs de son siècle, on obéit aux lois. (I, 108)

The *Considérations* thus clearly presents an image of man as perfectible, and adaptable to happy living within society through better education. This exposition of "l'intérêt bien entendu" and the role of education to spread the concept, certainly place Duclos in a different category of thinker from those who see man as innately evil and proceed to attempt restraint by religious threats, different also from those who see man as controlled by passions, and urge him to be among the strong who rule the weak.

In 1754, Duclos published the *Remarques sur la grammaire*, and in 1755 was named "secrétaire perpétuel de l'Académie" to replace Mira-baud,[54] and worked on the fourth edition of the *Dictionnaire de l'Acadé-mie*. Villenave believes that Duclos wrote in 1759 the *Essai sur les ponts et chaussées, les corvées et la voirie*, and a supplement to this in 1762, both of which appeared without author. Meister disagrees, and his discussion of this question is recommended to the reader's attention.[55] In 1763, Duclos travelled to England, and began work on the *Histoire du règne présent*, known also as the *Mémoires secrets*, which were published posthumously in 1791. As in his other works, Duclos' view of history is not the military, political, or economic aspects of the time in question, but that of the men and their mores, in this case during the eras of Louis XIV, the Regency, and Louis XV. He proposes to judge his times not satirically, but competently, so that grandchildren can learn from their elders' mistakes. He realizes that this is a tendency hard to avoid since, "Comme il y a souvent plus à blâmer qu'à louer dans la plupart des hommes, un historien fidèle peut aisément être soupçonné de satire." (III, 6)

In 1766 Duclos travelled to Italy and began composing his *Considé-rations sur l'Italie*, known also as *Voyage en Italie*. This also was not published until 1791. The work is comprised mainly of a running account of his experiences, and reactions to what he visits. This stands apart from his other works in containing an abundance of detailed descriptions. The beautiful orange trees, the cleanliness of the inns, the weather, the varying tastes of wines, the cost of salt, vegetables, and meat, and the weight of coins are all duly recorded. Comparisons and contrasts are continually drawn between Italy and France, and unique customs are described. His humorous and embarassing meeting with the Pope is detailed, as is his successful advice to a set of new parents to unswaddle their crying infant!

In 1768, Duclos read the *Éloge de Fontenelle* to a public meeting of the Académie Française. The essay was later placed by D'Alembert in his *Histoire des membres de l'Académie Française*.[56] In 1771, Duclos read to the Academy his *Histoire de l'Académie Française*. This was the third segment of the Academy's history: Pelisson wrote about the beginnings until 1652, the Abbé d'Olivet treated 1652 until 1700, and as

[54] Meister, p. 17.
[55] *Ibid.*, p. 142.
[56] Uzanne, p. lxviii.

secretary, Duclos continued this. We find in the work the expected history of the group, but also the propagandizing of several of Duclos' special beliefs, such as that such a group must be left free of political pressure to elect the worthiest men from the "République des lettres."

Duclos had begun his autobiography, *Mémoires sur la vie de Duclos,* but had completed only the recounting of the first twenty-five years of his life, when he died in 1772, of a "fluxion de poitrine." [57] As has been noted, it was not until after the Revolution that Duclos' *Mémoires secrets* and *Voyage en Italie* were published, and not until 1806 that his autobiographical fragment appeared in print.[58]

Meister perhaps best sums up the life of Duclos in saying that he was "moins littérateur de métier, et de cabinet, que mondain du monde des lettres." [59] A glimpse of these varied works of erudition and of fiction, treatises of mores, souvenirs of travel and of youth, all show a certain unity of tone, one of a moralist attempting to show the inner workings of Man, and to describe the forces of the society in which he lives. He is employing his experiences of the present and past worlds to generalize and abstract, often in the form of maxims, that which he has observed. Any judgment of Duclos as moralist and novelist should clearly benefit from this frame of reference.

[57] Meister, p. 18.
[58] *Ibid.*
[59] *Ibid.*, p. 32.

CHAPTER II

A DEFINITION OF THE MAXIM IN DUCLOS' NOVELS

The definition of one's terms is clearly a most essential and perplexing problem facing literary critics. The most common response to this challenge is to ignore it; this has obvious though limited advantages, since it is rare indeed that a definition can completely satisfy the goals of the definer. When attempting to identify and set forth the meaning of a literary term, one meets the added difficulty of exploring the usage of the term through time as well as the always present difficulty of fixing its meaning at any given time. The procedure in this chapter, devoted to an investigation of the meaning of the term "maxim" as it relates to the novels of Charles Pinot Duclos, will be one of isolating the complexities of the word in its many variations, and then attempting to narrow our definition to classify exactly Duclos' maxims.

The first area to be considered and clarified is that of the whole series of semantically related words which are used often interchangeably with that of "maxim." The definitions of these words found in *Webster's Third New International Dictionary of the English Language, Unabridged* (Springfield, Massachusetts: G. & C. Merriam Company, 1961) are instructive:

Adage: A saying typically embodying common experience or observation; often in metaphorical form.
Aphorism: A concise statement or principle. A terse and often ingenious formulation of a truth or sentiment used in a single sentence. An adage or maxim.
Apothegm, or Apophthegm: A short, pointed and instructive saying or a concise formulation of a truth or precept: a terse aphorism.
Axiom: A principle, or rule, or maxim, of general acceptance and intrinsic merit.
Epigram: A terse, sage, witty, often paradoxical saying.
Maxim: A mathematic or philosophic axiom. A general truth, fundamental principle, or rule of conduct, especially when expressed in sententious form. A saying of proverbial nature.
Pensée: A thought expressed in literary form.

Proverb: A brief epigrammatic saying that is a popular byword: an oft-repeated pithy and ingeniously turned maxim; an adage or saw. A profound or oracular maxim. A truth couched in obscure language. A parable. Something that has become a matter of common truth.
Saw: A traditional saying, a maxim or proverb.
Sentence: A short and pithy saying, usually conveying moral instruction; an axiom, maxim, or saw.

Evidently, any attempt to differentiate the maxim from other forms of professed wisdom based on the dictionary definitions would be complicated if not futile. What does emerge from this dictionary study is a broader sense of the dimensions of the problems at hand. We see that in order to express the sense of the word "maxim" we must first consider the varieties of its basic form and scope. Is it a statement, principle, sentiment or truth? Does it relate an experience or observation, or does it instruct with a rule of conduct? What are its essential grammatical characteristics?

Out of a dozen or so critics who have expressed their views on this problem of defining the maxim, the great majority succeed only in clouding the issues. Archer Taylor's comments are typical. In his book *The Proverb* (Hatboro, Pennsylvania: Folklore Associates, 1962), he negates the efficacy of any study he will undertake of definitions by stating that there is some "incommunicable quality" of the proverb which makes it too difficult to define. (p. 3) He does indicate that the proverb, versus other types of aphorisms, has tended throughout history to appeal to the common people more than the learned (p. 171), a basic characteristic of the proverb which we can accept as generally true. Margot Kruse's *Die Maxime in der Französischen Literatur: Studien zum Werk La Rochefoucaulds und seiner Nachfolger* (Hamburg: Cram, DeGruyter and Co., 1960), looks at the maxims of La Rochefoucauld, La Bruyère, Vauvenargues, Chamfort and Crébillon. She claims that the aphorism is a form of expression and in its varieties it is called maxim, sentence, reflection, or pensée. (p. 22) Corrado Rosso, in his article and book cited below, explores the complexities involved in distinguishing the maxim from other forms of concise expressions of truth. He indicates a certain mechanism of compensation which is present in many maxims, one which involves a questioning of what is presented as obviously desirable, and one which is essentially a reduction or partial devaluation, though it can be a complete demolition and reversal of values.[1] Maxim twenty-five of La Rochefoucauld is used by Rosso to

---

[1] Rosso, "Démarches et structures de compensation dans les 'Maximes' de La Rochefoucauld," *CAIEF, XVIII* (March, 1966), p. 113. (See also his book *La Maxime: saggi per una tipologia critica* [Naples: Edizioni Scientifiche Italiane, 1968]).

demonstrate this mechanism: "Il faut de plus grandes vertus pour soutenir la bonne fortune que la mauvaise." There are so many problems associated with "la bonne fortune" that one must wonder if it is worth having and indeed if it is really "bonne." Rosso comments on the power of the compensation in this maxim: "À la bonne fortune s'ajoute le frisson du tragique, la beauté du risque." [2]

Starobinski, in his introduction to *La Rochefoucauld: Maximes et mémoires* (Paris: 1018, 1964), indicates a chief characteristic of the maxim: that of transforming an experience into language while fixing it into an eternal present, immobilized and universal:

> Les sentences fixent l'état final d'une expérience: nous trouvons une pensée à son point d'achèvement et qui se formule irrévocablement sous la forme brève de l'aphorisme. L'expérience a eu lieu; elle est devenue langage; la vie est désormais cette comédie révolue dont la quintessence est saisie de loin par un coup d'oeil définitif. Les *Maximes* sont écrites au présent, mais dans chacune d'elles il s'agit d'un présent éternel, d'un présent sans ouverture sur l'avenir.[3]

Peter Brooks, in his already mentioned text, theorizes that the writing of maxims reflects the knowing and consequent social domination over a person. He sees the maxim as a penetration of another's character and motives and explains that,

> The act of knowing which underlies the composition of a portrait is insisted upon in the novel by the repeated use of the verbs "pénétrer" and "fixer" and the noun "pénétration." To penetrate someone is to find him out, to lay bare his true motives and sentiments.[4]

He cites an example from the novel by Crébillon, *Les Égarements du coeur et de l'esprit*. The young Meilcour meets Madame de Lursay who sees how to control the youth: "Malgré mon attention à lui cacher ce qu'elle m'inspirait, elle m'avait pénétré." She can shape his behavior then, for to reduce someone to categories is to be in the position to control that person. This act of penetration he views as central to the maxims and portraits of eighteenth century novels.

Sister Mary Zeller, in her study of the maxims of La Rochefoucauld entitled *New Aspects of Style in the Maxims of La Rochefoucauld* (Washington, D.C.: Catholic University of America Press, 1954) attempts to distinguish the various forms of aphoristic art. Her approach is one of studying the formal patterns of linguistic expression in these maxims, and her classifications are quite meaningful for the maxims of La Rochefoucauld, and for any general maxim study. She feels that the

---

[2] *Ibid., CAIEF*, p. 115.
[3] Jean Starobinski, p. 29.
[4] Brooks, p. 16.

proverb is the oldest term for distilled thought. (p. 2) An adage is classified as a more piquant and provocative proverb, and an apophthegm as a longer proverb which lacks wit (p. 4) A pensée is placed on a slightly higher level than the preceeding three forms; it is a succinctly stated and impersonal idea. This pensée becomes a reflection when its background or cause is presented. (p. 5) The highest level of these statements she considers to include the three categories of sentence, aphorism, and maxim. Sentence she considers an archaic term for an aphorism, which is described as a broad truth of general bearing.[5] The maxim she defines as a sententious remark based on common experience, subjectively tinged though objectively expressed. It is an instrument of generalization, the logical formula of a moral observation, and in essence a sophisticated social proverb.[6] She discusses three articles which generally equate the maxim and the aphorism,[7] and also quotes Arthur Fink. His work, *Maxim und Fragment, Grenzmöglichkeiten einer Kunstform* (Munich: Max Hueber Verlag, 1934), establishes as a basis for definition a rhythm found in the maxims of La Rochefoucauld. This rhythm is likely to be found in most maxims of epigram form, we feel. He demonstrates that these maxims are perfectly balanced ellipses consisting of two focal points with a harmonic tension and release. We may note that this definition, though pleasing in its structural completeness, does not relate accurately to the majority of the maxims of Duclos, which are not epigrams.

Gustave Lanson in *L'Art de la prose* (Paris: Librairie des Annales, 1908), poses a series of necessary characteristics of the maxim and defines it in this descriptive manner. These elements include confirmation of the opposite of common opinion, generalization and polishing of an observation, creation of a proportion between two qualities, and opposition and repetition of words for effect. He considers the maxim to be "la formule logique de la loi dans l'ordre de l'observation morale." [8]

Though at times relevant to our study, the criticism available on the definition of the maxim is quite varied in its conclusions, at times contradictory, and in all incomplete. This is especially so in that it tends to describe the characteristics of a particular author rather than the neces-

---

[5] Zeller, p. 6.

[6] *Ibid.*, p. 12.

[7] *Ibid.*, pp. 6-8. The articles are: Fritz Schalk, "Das Wesen des französischen Aphorismus," *Die Neueren Sprachen*, 1933. Franz Mautner, "Der aphorismus als literarische Gattung," *Zeitschrift für ästhetik une allgemeine kunstwissencheft*, XXVII (1933). Adolf Sauer, *Das aphoristische Element bei Theodor Fontane* (Berlin: Verlag Dr. Emil Ebering, 1935).

[8] Lanson, p. 29.

sary essentials of the genre. A fresh approach to the problem seems called for. Some consideration of the maxim's basic characteristics as it appears in Duclos's novels is surely a relevant starting point, being the specific goal of this inquiry, while at the same time we recognize and note the necessity of another and more comprehensive treatment of the question.

Stripped to its bare essentials, the maxim which we find in the novels of Duclos can be defined as a seemingly authoritative generalization which is expressed with a degree of precision and density. These maxims appear in four broad forms. The simple or short maxims can be classified as aphorisms and epigrams; the amplified or longer ones as pensées and portraits. The aphorism is a terse statement of a general truth or principle. It is perhaps the most easily identifiable of all statements that one might consider maxims, due to its brevity and decisiveness. Several examples from Duclos' first novel, *Histoire de Madame de Luz,* will illustrate the varieties of this basic form:

Les personnes qui ont passé l'âge des passions, ou qui n'en ont jamais connu les égaremens, ne sont pas ordinairement les plus clairvoyans. (p. 150)
La liberté du coeur donne celle de l'esprit. (p. 153)
La confiance d'avoir plu donne de plus en plus les moyens de plaire. (p. 156)
Un scélérat n'a point de remords, mais il a de l'orgueil. (p. 173)
L'amour est toujours inséparable de l'espérance. (p .174)
Les chaînes de l'habitude sont bien fortes. (p. 186)

Many aphorisms can also quality for being called epigrams. The epigram, we suggest, is an aphorism which gains its effect by the clever use of antithesis, and it is in these epigrams that one is most likely to find memorable juxtapositions, balanced contradictions, and antithetical plays on meaning. It is the epigrammatic form of maxim which is the most easily remembered, which incorporates the most artful combination of words and sounds, and which we associate most often with La Rochefoucauld. In Duclos' novels we find very few epigrams, some of which follow:

Le respect d'une passion naissante est plus sûr que la reconnaissance d'un amour heureux et satisfait. (*Madame de Luz,* p. 150)
L'orgueil même dans une belle âme a ses scrupules comme la vertu, et produit les mêmes effets. (*Madame de Luz,* p. 167)
Le crime n'est jamais plus dangereux que sous le masque de la vertu. (*Madame de Luz,* p. 206)
L'innocence est souvent plus hardie que le vice n'est entreprenant. (*Confessions,* p. 283)
L'âme seule fait la physionomie, la nature ne donne que les traits. (*Mémoires,* p. 315)
Le plaisir n'est qu'une situation, le bonheur est un état. (*Mémoires,* p. 351)

This paucity of the epigrammatic form of maxim leads to a tentative conclusion that although Duclos composed many maxims, he was by no means a great artist of the maxim – a conclusion which our study of his techniques of maxim-writing must test out.

Approximately half of Duclos' maxims fall into the category of the amplified maxim: the pensée and portrait. One might question whether these can justifiably be placed with the more obvious and shorter maxims. We believe the justification is twofold. First, these longer forms contain series of aphorism-maxims which depend upon each other logically for their development. Second, one can look to the literature of maxims [9] to observe that La Rochefoucauld, for instance, included many longer maxim clusters in his collection, and that La Bruyère used numerous maxims as part of his portraits. Thus structurally and historically one can defend the inclusion in our study of the maxims appearing in these forms.

Those maxims which we are calling pensées are longer and more developed statements, the length allowing for greater depth and variations. They tend to accumulate details in their description, but also to strip these details bare as part of the penetartion of essential human motivations. As suggested, these pensées usually contain a series of short maxims. Some examples may clarify this:

Les hommes, disait-elle, n'ont en aimant qu'un intérêt, c'est le plaisir ou une fausse gloire; nous en avons un second beaucoup plus cher, qui est l'honneur et la réputation: c'est de là que dépend notre vrai bonheur. De la perte de l'honneur naissent des malheurs trop certains: si ce n'est pas un crime de ne pouvoir régler les mouvemens de son coeur, c'est du moins un très-grand malheur. (*Madame de Luz*, p. 158)

Madame de Tonins me dit que le jeu était absolument banni de chez elle, qu'il ne convenait qu'à ceux qui ne savent ni penser ni parler. C'est, ajouta-t-elle, un amusement que l'oisiveté et l'ignorance ont rendu nécessaire. Ce discours était fort sensé; mais malheureusement Madame de Tonins et sa société étaient, malgré tout leur esprit, souvent dans le cas d'avoir besoin du jeu, et ils éprouvaient que la nécessité d'avoir toujours de l'esprit, est aussi importune que celle de jouer toujours. (*Confessions*, p. 262)

Les passions qui agitent les hommes se développent presque toutes dans leur coeur, avant qu'ils aient la première notion de l'amour. La colère, l'envie, l'orgueil, l'avarice, l'ambition se manifestent dès l'enfance. Les objets en sont petits; mais ce sont ceux de cet âge: les passions ne sont pas plus violentes quand leurs objets sont plus importans; souvent elles sont moins vives, et, s'il y en a quelqu'une qui devienne plus forte qu'elle ne l'était d'abord, c'est ordinairement par l'extinction des autres qui partageaient l'âme avec elle. (*Mémoires*, p. 326)

[9] See Léon Levrault, *Maximes et Portraits* (Paris: Paul Mellottée, 1933) for the historical tracing of the intermixings of maxim and portrait forms.

The fourth form under which the maxim appears in Duclos' novels is that of the portrait. This is to say that segments of the novel which stand out as units, painting a person, a social type, or a geographical group, employ one or more maxims, most likely to lend the effect of authority to the portrait. At times this portrait achieves a certain dynamic quality by the presenting of a brief dramatized example:

De jeunes magistrats méprisèrent leurs devoirs au lieu de se mettre en état de les remplir: les imitateurs ne saisissent ordinairement que les ridicules de leurs modèles. Ces jeunes sénateurs s'imaginèrent que, pour être courtisans, il suffisait de jouer gros jeu, de perdre en ricanant, d'avoir une avarice contrainte, et de dire des fadeurs à une femme. (*Madame de Luz,* pp. 152-3)

N'avons nous pas à la cour une estime singulière pour les amans dont le commerce est fondé sur une passion que la constance rend respectable? De tels amants sont plus estimables que des époux que les lois forcent de vivre ensemble; car il faut qu'une passion toujours heureuse et toujours constante soit fondée sur des qualités supérieures, et sur une estime réciproque. Si le commerce de deux amans n'était pas innocent, aurait-on imaginé de leur imposer des devoirs? Cependant les amans ont les leurs comme les époux; ils en ont même de publics, et que les personnes mariées ne peuvent pas s'empêcher d'approuver. Voyez, par exemple, le chevalier de Sourdis: il a été à la mort; madame de Noirmoutier, par une discrétion mal entendue, n'osait pas aller le voir. M. de Noirmoutier, qui n'ignore pas leur liaison, a été le premier à conseiller à sa femme de rendre à son ami ce qu'elle lui devait, sans quoi elle ne donnerait pas bonne idée de son coeur. Elle n'a plus quitté son amant pendant tout le cours de sa maladie: elle a été généralement approuvée, et le roi lui en a su bon gré. (*Madame de Luz,* p. 158)

D'ailleurs, La Fin connaissait la cour et les hommes. Il avait avec les grands le caractère qu'ils ont avec leurs inférieurs; il songeait à les faire servir à ses intérêts, au lieu d'être la victime des leurs. Le maréchal n'était pour lui qu'un moyen et un instrument pour parvenir. Les grands n'étaient à ses yeux que des hommes rampans dans le besoin, faux dans leurs caresses, ingrats après le succès, perfides à tous engagemens. Il n'avait point pour eux cet attachement désintéressé, dont la plupart sont si peu dignes. Il n'avait pas la vanité ridicule de rechercher leur liaison, et de se croire honoré d'essuyer leur faste. Il n'était point la dupe d'un accueil caressant, qui marque le besoin qu'ils ont des autres, plus que l'estime qu'ils font de leurs personnes. Il entra dans les desseins du maréchal de Biron, avec un dessein formé de profiter de ses succès, ou de le sacrifier lui-même à sa sûreté, en le trahissant si l'affaire tournait mal: La Fin était né pour être grand seigneur. (*Madame de Luz,* pp. 162-3)

Having discussed the basic forms under which the maxim appears in the novels of Duclos, we must now enter that more ambiguous area of the study of the art of the maxims. What exactly are the elements comprising the special tonality of a maxim? What techniques are at the basis of their writing? Into what realms does their content fall? What is their effect as separate entities and in the novel?

Duclos' techniques of maxim writing are much as we might expect.

In order to lend authority and the sense of the general, so necessary to the maxim's effect, words such as "toujours, jamais, on, l'homme" appear in high frequency, especially in contrast to the frequency of such terms of mitigation as "souvent, presque, quelques uns" which would reduce the effect of authority:

Les femmes n'ont point de plus grands ennemis que les femmes. (*Confessions*, p. 224)

On partage le ridicule de ce qu'on aime. (*Confessions*, p. 254)

Une femme n'en est jamais offensée; mais l'aveu (de l'amour) peut lui en déplaire, parce qu'il exige du retour, et suppose toujours l'espérance de l'obtenir. (*Confessions*, p. 288)

A similar impression of generality is achieved in a more timid fashion by the posing of a question:

Eh! Comment, avec de pareils sentiments, avait-il pu cesser d'être vertueux? Faut-il que la vertu dépende si fort des circonstances? ... Comment, avec tant de vertu dans le coeur, pouvait-elle être devenue si criminelle? Mais comment, avec tant de malheurs, pouvait-elle être encore innocente? C'eût été accuser le ciel d'injustice. (*Madame de Luz*, p. 194)

Eh! de quoi peut-on être sûr, quand on ne peut pas répondre de son coeur? (*Mémoires*, p. 320)

The beginnings of the maxims of Duclos appear to fall into two distinct categories.[10] First there are those which begin directly, or we might say, "in medias res." In Duclos' maxims, these are most often noun beginnings, especially nouns, preceded by their definite article, of abstract qualities and of vague groupings of people, such as "amour, amitié, bonheur, désir, vertu, le monde, les hommes, la jeunesse."

L'amour sent et suit ses mouvemens, la haine raisonne. (*Mémoires*, p. 354)

La constance n'est pas loin de s'altérer quand on la veut réduire en principes. (*Confessions*, p. 296)

Le désir peut être le fruit du bonheur, et même y ajouter. (*Madame de Luz*, p. 159)

Les amans n'ont pas toujours quelque chose à se dire; mais ils ont toujours à se parler. (*Mémoires*, p. 349)

Another direct beginning is with the word "on":

On prend quelquefois pour objet de son amour-propre une qualité réelle; l'orgueil peut en diminuer le prix, mais il ne la détruit pas. (*Madame de Luz*, p. 161)

On a dit que les guerres civiles étaient l'école des grands hommes, parce que chacun essaie ses forces. (*Madame de Luz*, p. 194)

[10] See the sixth chapter of Zeller's book for detailed discussions of the grammatical patterns of La Rochefoucauld's maxims. We have adopted several of her categories.

The second sort of beginning that one finds in these maxims is that of the totally impersonal and insinuating, serpentine approach. One method is to begin with impersonal verb constructions such as "il y a, c'est, il semble, il faut":

Il semble que la vertu d'une femme soit dans ce monde un être étranger, contre lequel tout conspire. (*Madame de Luz*, p. 147)
   C'est en vain qu'on veut s'aveugler pour séparer la probité du commerce des femmes. (*Confessions*, p. 224)
   Il faut non seulement se marier au goût du public, mais encore prendre une maîtresse qui lui convienne. (*Confessions*, p. 254)
   Il y a des principes où la démonstration ne suffit pas; dans ce qui a rapport au sentiment, on ne croit que ce que l'on désire. (*Mémoires*, p. 330)

Another technique of this indirect beginning is that of the impersonal subject clause, such as "il est difficile":

Il est rare que les absens trouvent des défenseurs, et l'on n'applaudit que trop lâchement aux propos étourdis d'une jolie femme. (*Confessions*, p. 256)
   Il est beaucoup plus ordinaire d'y trouver des femmes qui, par des moeurs pures, une conduite irréprochable et une piété sincère, sont l'ornement de leur sexe, que de celles qui franchissent toutes les bornes que les femmes simplement galantes n'oseraient passer. (*Mémoires*, p. 357)

A third indirect beginning is that of anticipations of the subject, such as all the varieties of "ce qui" and "ce que":

Ce qui peut nourrir notre présomption excessive, est l'espèce de cour soumise que nous font ceux dont la naissance égale souvent la nôtre; mais qui sont réduits à nous la faire connaître, parce que leurs pères ne se sont pas avisés de venir à la cour, et que la fortune les a tenus, depuis plusieurs générations, dans une obscurité qui ne répond pas à l'éclat de leurs aieux. (*Mémoires*, p. 346)

Another indirect beginning employs temporal terms of general value such as "quand" and "lorsque":

Aussitôt qu'une femme paraît à la cour, son mari semble être la personne qui lui convient le moins. (*Madame de Luz*, p. 152)
   Depuis que l'ivresse des passions est dissipée, j'ai quelquefois réfléchi sur l'espèce de conquêtes qui nourrit la vanité des hommes, et j'ai remarqué que la plupart des femmes qui font le sujet de leur triomphe, ont le coeur froid, les sens assez tranquilles et la tête déréglée. (*Mémoires*, p. 322)

Yet another indirect beginning employs a subordinating and concessive phrase, such as "quelque":

Quelque ingénieux que nous soyons à nous séduire et à nous aveugler nousmêmes, nous ne pouvons jamais écarter absolument les traits de la vérité; et personne ne s'engage innocemment dans la voie du crime. (*Madame de Luz*, p. 200)
   Quoique la médisance ne fût pas un des projets décidés de cette assemblée (de dévotes), c'était un des devoirs que l'on y remplissait le mieux. (*Confessions*, p. 245)

Conditional sentence beginnings are also used:

Si la vertu, si la raison doivent nous faire combattre des sentimens contraires à notre repos, pourquoi ne pas chercher à fortifier ceux qui y sont conformes? (*Madame de Luz,* pp. 185-6)

Si l'on y fait attention, on verra que tous les travers de mode ont, comme des arts de goût, leur différens âges, leur naissance, leur règne et leur décadence. (*Mémoires,* pp. 341-2)

Adverbial and prepositional phrases may also produce this effect:

Indépendamment des égards dûs à la condition, ceux qui partent du coeur ont un caractère distinctif. (*Confessions,* p. 301)

Avec une âme noble, on n'est jamais l'objet d'un procédé estimable, qu'on ne soit d'abord échauffé d'une reconnaissance généreuse. (*Mémoires,* p. 385)

There seem to emerge no interesting patterns in the endings of the maxims, and the liaisons of the maxims with the novel will be studied in the next chapters.

Perhaps the most often cited act of the maxim is that of depreciation – the cynical unmasking or devaluation of apparent positive values and virtuous acts. This disillusioned approach can often lead, as has been suggested, to a complete demolition of the subject. The most common construction one finds in these cases is that of "ne . . . que":

Les hommes n'ont en aimant qu'un intérêt, c'est le plaisir ou une fausse gloire. (*Madame de Luz,* p. 158)

Cette vertu, si précieuse à vos yeux, n'est qu'un préjugé chimérique, que les hommes, par un autre préjugé, exigent dans leurs femmes ou dans leurs maîtresses, et dont ils font peu de cas dans les autres. (*Madame de Luz,* p. 171)

Tous ces bureaux de bel esprit ne servent qu'à dégoûter le génie, rétrécir l'esprit, encourager les médiocres, donner de l'orgueil aux sots, et révolter le public. (*Confessions,* p. 266)

On n'examine guère le principe de ses devoirs que par le désir de s'en affranchir, ou pour se justifier de les avoir déjà violés (*Mémoires,* p. 320)

In Duclos' maxims, we see very little "word play" as such, and though one can cite instances of *jeux de mots,* they cannot be considered central to the maxims' style. The use of alliteration, assonance, or rhyme of any sort for artistic effect is very limited. It is also difficult to isolate any memorable rhythm, such as the binary and ternary patterns evident in La Rochefoucauld's maxims. Perhaps this lack of a balancing of members, and this tendency toward the discursive, is a result of the maxims being part of the novel rather than separate. We can even postulate this as a characterization of the maxim in the novel, while realizing the necessity for further research to verify this belief.

The tense of almost all of the maxims is that of the present. The person of the verb varies in each novel with the context, but is most often the third person singular or plural. This tense and person add to the necessary effect of general and accepted veracity at the base of the axiomatic statement. As has already been noted, the vocabulary of the maxims includes a high percentage of nouns of abstract qualities, especially at the beginnings of the maxims. The quantity of these abstract nouns is certainly something we might expect in the maxims of a moralist. If one major role of the moralist is to generalize subjectively (while pretending to objective truth) about groups of people, these are the terms he must use, and the maxim can give a maximum of stylistic expressivity to his observations.

Another set of terms which we find in great quantity in the maxims are those which indicate the idea of appearances. These words, such as "paraît," "sembler," "ils affectent," "des apparences," are part of the disdainful appraisal of the veiling of true motives and attitudes seen by the moralist:

Une petite maison n'est aujourd'hui, pour bien des gens, qu'un faux air, et un lieu où, pour paraître chercher le plaisir, ils vont s'ennuyer secrètement un peu plus qu'ils ne feraient en restant tout uniment chez eux. Il me semble que ceux qui ont imaginé les petites maisons, n'ont guère connu le coeur. Elles sont la perte de la galanterie, le tombeau de l'amour, et peut-être même celui des plaisirs. (*Confessions*, p. 250)

After examining these categories of maxims as to their form and techniques, it would appear necessary to next consider the general characteristics of their content. The specifics of this discussion will actually comprise the next three chapters, those dealing with each of Duclos' three novels, and the aims of this examination are to suggest and briefly discuss some evident aspects of this question – aspects which relate also to the definition of the maxim.

Magny, in her book cited below,[11] attempts to differentiate between two categories of moralists and the scope and limitation of the maxims characteristic of each type. Her distinctions serve as a provocative introduction to our treatment of the content and scope of Duclos' maxims. The first type of moralist she describes, such as Stendhal and Vauvenargues, means by a maxim "une règle de conduite à méditer et mettre en pratique," and is considered a moralist in his "effort pour fonder une éthique plutôt que par l'exacte observation des moeurs." [12] His maxims are normative and fall into the realm of ethics: they contain judgments of value and propose rules of conduct. The second type of

---

[11] *Histoire du roman français depuis 1918* (Paris: Seuil, 1950).
[12] *Ibid.*, p. 87.

moralist, such as La Rochefoucauld, La Bruyère, and Pascal, she proposes to be

romanciers manqués, pour qui la maxime est le moyen de condenser en une brève formule d'apparence générale une expérience personnelle, dont l'illusoire universalité permet de la mieux imposer au lecteur, tout en masquant, comme l'exigent les conventions de l'époque, l'origine subjective et en étouffant ce que son accent pourrait avoir de trop intime.[12]

Maxims of this type are basically epistemological, having as an object to know. They are in the realm of description, and contain judgments of reality, based on personal experience and psychological assessments. As we have noted, the sententious tone of this class of maxim points to an apparent universality, an essential pretension of the maxim. Although Magny definitively separates these categories of maxims and moralists, there are assuredly many overlapping situations. Duclos' maxims fall most readily into the second category, proposed as general statements but subjectively influenced. It would appear that this very tension between the supposedly objective but clearly subjective, is a given element of Duclos' maxims. They do not appear to have as goal the proposing of a single unified ethic, but rather the authoritative painting of the people and times of the novels. These descriptive maxims often appear in the novels as abstracting from and enlarging upon the meaning of a given event through generalization. This, we may propose, is their principal function in the novel.

What are the limitations or the special difficulties of the maxim, and specifically of the maxim in the novel? One can accuse the novelist who uses maxims extensively, as does Magny, of lacking an effective imagination, in failing to transform the real into the creation of a personal universe:

Alors que tout grand romancier nous magnétise, le moraliste en est réduit au bluff inférieur de celui qui, dédaignant de convaincre, parce qu'il en serait peut-être incapable, laisse tomber du haut de sa grandeur judiciaire de hautaines sentences pour flageller cette réalité qu'il ne sait pas illuminer et à laquelle il ne peut faire concurrence.[14]

This would seem a particularly valid criticism of Duclos specifically, in the sense that the profusion of maxims in his novels often tends to diminish their creative and imaginative facet, lending a dry and preaching effect. Indeed, a second difficulty of the maxim in the novel is this very static quality which they seem to give the novel, and the sense of an author viewing situations and characters from above. A third and similar

[13] *Ibid*.
[14] *Ibid.*, pp. 89-90.

difficulty is that these maxims can create boredom in the reader by their very number or their obscurity. Two additional dangers of the maxim are perhaps inherent to any literary form which seeks effect by brilliance: they may tend to be "précieux," with forced paradoxes and antitheses explicitly designed for effect rather than sense; and they may even falsify for the benefit of effect or for the purpose of proselytizing. This falsity is much more relevant to Duclos' writing than is the tendency to intricate construction, for as has been suggested, the form of Duclos' maxims is quite varied and loose and usually far from striking.

And what of the act of writing maxims? In one sense it represents the reduction of human reality and experience into language, if this is really a reduction, and the crystallization of principles into a formula. And yet the language implies drama in terms of that which takes place outside the maxim in the novels, and calls upon the knowledge and experience of the reader to interpret the language. In many respects, it would appear that the act of writing maxims is essentially one infused with an unintentional irony; one epitomizing both the power and the limitations of reason. The form of the maxim, stylized and perfected, would seem to be an example of the power of human reason, while at the same time reflecting the limitations of one man's vision, and thus the inability of man to attain perfectly universal and flawless truth. These categories of form and scope of subject which have been briefly explored here, will be the bases of our approach in ensuing chapters.

CHAPTER III

THE MAXIMS IN *HISTOIRE DE MADAME DE LUZ*

In attempting an analysis of the maxims in Duclos' first novel, *Histoire de Madame de Luz,* there clearly are a number of possible and valid approaches. One could study the themes of these maxims and then propose conclusions as to Duclos' world-view. One could also undertake a character and plot investigation based on the maxims. Neither of these explorations could adequately consider the intriguing form mixture of maxim and novel which has been proposed as central to the aims of this study. Rather, one aspect of the narration of the novel, that of perspective, has been selected as the focal point and organizing center of this chapter. Several general areas of narration will be discussed, and then an intensive analysis of the varying perspectives, or points of view of the maxims, will be attempted. It is felt that this technique will incorporate a maxim-centered consideration of the intricate relationship of the maxims and the novel, and will best allow us to approach comprehensively the most essential questions of subject and construction, yielding conclusions about the aesthetic and ethical workings of the maxims and of the novel.

At this point it seems appropriate to outline briefly the major events of this novel, with the intent of clarifying the discussion of the maxims' roles. Madame de Luz, the unfortunate heroine of the work, is a highly principled and strong-willed woman who seeks determinedly to follow her strong sense of duty and moral right. Married at an early age to an older man whom she does not love, she discovers a growing passion in herself for her cousin and childhood companion, the young Marquis de Saint-Géran. She is determined to dominate this attraction and to seek inner peace and tranquillity from the rigorous adherence to marital fidelity and to her general concept of virtue. She attempts to send Saint-Géran away once she has become aware of her feelings, but her husband insists that he accompany them to Burgundy to continue aiding in the management of his affairs. Faced with the necessity of a continuing proximity, they work out at her insistence a platonic relationship – a friendship actually – based on esteem and sentiment.

The actions of the Baron de Luz, her husband, shatter this temporary and precarious period of calm and equanimity, and lead to a series of devastating circumstances. He is correctly implicated in a conspiracy with Biron against the King, and he is threatened with execution as a traitor. The cruel and ruthless magistrate, Thurin, holds the evidence which can condemn him, and his attraction to Madame de Luz leads him to suggest that she yield to him in exchange for her husband's release and the destruction of all incriminating evidence against him. While Thurin proceeds with this seduction, using his position to satisfy his passions, Saint-Géran selflessly attempts in every possible way, although with no success, to help secure the freedom of the Baron de Luz. This juxtaposition of the nature and acts of two characters is an effective and favored technique of Duclos in each of the novels. Madame de Luz finally succumbs to Thurin's persuasion, sacrificing her virtue to save her husband. Overcome with guilt by this submission, she sends Saint-Géran away to join the army, and determines that she will devote herself totally to wifely virtue.

She retires to her country estate, to obtain her ends through privacy and distance from the court and its corruption. Ironically, though, she cannot escape, inasmuch as she is immediately thrust into the situation she so ardently desires to avoid. Two noblemen are attracted to her and seek to establish a relationship. The principled Marsillac accepts her refusals, but the more egotistical, insecure, and "social-climbing" Maran continues to harass her. Discovering her bathing in an isolated woody setting, he proceeds to attempt the rape of Madame de Luz. Marsillac appears on the scene by chance and kills Maran to save Madame! (Again we see the author contrasting two suitors.) Then, overcome at the sight of the fainted Madame de Luz's undraped body, he rapes her himself.

Hoping again to find solace, Madame de Luz goes to Paris and places herself under the religious direction of Hardouin, a well-known *directeur de conscience*. The crafty and hypocritical confessor attempts to seduce her himself, after learning of her past misfortune. After the sudden death from illness of the Baron de Luz, he even tries to suggest that organized religion, in the persons of its priests, approves at times of amorous liaisons. When she resists his urgings, he drugs and rapes her.

After falling victim to the passions of men for the third time, Madame de Luz dies of intractable sorrow. She has recounted her experiences to Saint-Géran, and he, unable to avenge her death, succombs too.

The maxims have a definite role in the narrative rhythm of this novel, one which will be seen as an internal echo effect, and one with ramifications on several literary planes. They appear with rather high frequency, and their presence is constantly felt in this short novel.[1] On the average there are two maxims per page, and about half of them are of a length greater than one sentence. Thus a significant proportion of this novel consists of maxims. The intellectual discoveries about man and his world which compose the maxims, present a continuing and insistent accent of authority, and give the impression of a narrator who is both observant and reflective.

Given the constant infusion of maxims, it next becomes essential to determine where these appear: in the midst of descriptive passages? of conversations? or of action? Less than twenty percent of the maxims are immediately preceded or followed by conversations or action. The vast majority of maxims are surrounded by descriptive paragraphs. An echo effect is set up whereby ideas are presented in their general forms in the maxims, and then the specific example is given in a situation or character presentation which follows. This technique of a doubling in the narration seems to strengthen those positions presented or being tested. It further serves as a developer of the intrigue – as a natural liaison between portrait and act. The maxim as part of the narration thus affects both fiction and narration, these terms understood in the sense of Jean Ricardou's definition in his work, *Problèmes du nouveau roman* (Paris: Seuil, 1967): "La narration est la manière de conter, la fiction ce qui est conté." The two dimensions of Duclos' narration which interest us – maxim and all that is not maxim – cearly interact and interrelate, and their relationship is central to our inquiry. The analysis of the perspective of the maxims should lead to a clearer assessment of this total situation.

Who indeed states the maxims? the writer? the narrator? a character? An immediate distinction must be made between the writer, Duclos, considered here as the composer of the novel, and the narrator who may or may not be distinct from the writer, and who in his narration may very well serve a specific purpose of the author quite apart from simple storytelling. The narrator of this novel is never identified in any direct manner. His third person narration appears detached and somewhat superior in relation to the characters, largely due to the maxims. The

---

[1] See *Appendix A* for a listing and numbering of the maxims of this novel. The maxims in the *Lettre à l'auteur de Madame de Luz* are not discussed in this chapter, since they clearly fall outside the fictional unit of the novel. They have been included in the Appendix for reference, and are recommended to the reader's attention for their cogent commentary on *le goût,* and on the question of *vraisemblance* in the novel.

narrator is thus an anonymous observer who analyzes, judges, and generalizes upon the events and people he describes, but is not identified with Duclos. As might be expected, the vast majority of the maxims (sixty-eight of eighty-eight) are uttered by the narrator. The perspective is that of Madame de Luz in five maxims, of Thurin in six, of Hardouin in five, of Maran in two, of Marsillac in one, and of Saint-Géran in one. In the light of this proportion of maxim speakers, it will be interesting to analyze how the maxims change in scope and in purpose in relation to these changes in perspective.

In scope, the maxims fall into two fairly well-defined areas: those which purport to be universal in nature, stating truths or describing changeless types of human beings; and those which are of obviously limited scope, describing situations, institutions, and people of a specific age or class. An interesting subcategory is formed by those maxims which appear as general wisdom but which actually are used by the characters, or indeed by the author in the guise of narrator, for specific purposes other than imparting universal knowledge. Each of these groups bears analysis, and will come under discussion in the following survey of perspectives.

Madame de Luz utters all five of her maxims while in conversation with Saint-Géran, the suitor she loves but never joins because of her concept of virtue. He answers her with his own maxim, and the juxtaposition of the two world approaches is striking:

Madame: "Le bonheur de la vie d'une femme dépend d'être attachée à ses devoirs. Il n'y a de véritable tranquillité pour elle que dans la vertu." (Maxim 16, p. 156) "Les hommes, n'ont en aimant qu'un intérêt, c'est le plaisir ou une fausse gloire; nous en avons un second beaucoup plus cher, qui est l'honneur et la réputation: c'est de là que dépend notre vrai bonheur. De la perte de l'honneur naissent des malheurs trop certains: ce n'est pas que je craigne de trahir jamais la vertu; mais je ne suis peut-être déjà que trop criminelle de vous avoir laissé voir mes sentimens, de ne les avoir pas assez combattus; ou, si ce n'est pas un crime de ne pouvoir régler les mouvemens de son coeur, c'est du moins un très-grand malheur." (Maxim 19, p. 158)

Saint-Géran: "N'avons nous pas à la cour une estime singulière pour les amans dont le commerce est fondé sur une passion que la constance rend respectable? De tels amants sont plus estimables que des époux que les lois forcent de vivre ensemble; car il faut qu'une passion toujours heureuse et toujours constante soit fondée sur des qualités supérieures, et sur une estime réciproque. Si le commerce de deux amans n'était pas innocent, aurait-on imaginé de leur imposer des devoirs? Cependant les amans ont les leurs comme les époux; ils en ont même de publics, et que les personnes mariées ne peuvent pas s'empêcher d'approuver. Voyez, par exemple, le chevalier de Sourdis: il a été à la mort; madame de Noirmoutier, par une discrétion mal entendue, n'osait pas aller le voir. M. de Noirmoutier, qui n'ignore pas leur liaison, a été le premier à conseiller à sa femme de rendre à son ami ce qu'elle lui devait, sans quoi elle ne donnerait pas bonne idée de son coeur. Elle n'a plus quitté son amant pendant tout le cours de sa maladie: elle a été généralement approuvée, et le roi en a su bon gré." (Maxim 20, p. 158)

Madame: "Si la vertu, si la raison doivent nous faire combattre des sentiments contraires à notre repos, pourquoi ne pas chercher à fortifier ceux qui y sont conformes? L'on prétend que les réflexions peuvent affaiblir une inclination; elles peuvent aussi contribuer à la fortifier dans un coeur." (Maxim 51, pp. 185-6)

"Les chaînes de l'habitude sont bien fortes." (Maxim 52, p. 186)

"Je serais trop heureuse que mon coeur et mon devoir fussent d'accord; si je ne dois pas m'en flatter, ils ne seront pas du moins dans un combat perpétuel, et la vertu n'exige rien de plus: l'amour pour mon mari ferait mon bonheur; mais il n'est pas nécessaire à mon devoir." (Maxim 53, p. 186)

What function do these maxims said by two characters have in the novel? Madame de Luz is evidently attempting a self-definition and self-justification in these phrases, and this is in close relation to the situation in which she finds herself. She explains to Saint-Géran that a woman can only find happiness and tranquillity as a result of living virtuously with honor and a good reputation, and of following her duties. There appears to be an element of self-convincing here also. She knows what she should do but also what she feels, and this inner struggle becomes apparent when she follows her wise words with the admission of her love! Men seek in love only pleasure and false glory she believes, which leads to the downfall of a virtuous woman, and therefore an uncontrollable heart is a great misfortune if not exactly a crime. Her approach to ethical questions which appears in these two maxims is a curious combination of internal and external criteria. She espouses the traditional Christian value system, which prescribes the virtue of fidelity to one's married mate, and of generally doing one's duty, as the necessary conditions for living a life of happiness. Her emotions run counter to these aims and constitute a threat. They are already a cause of unhappiness and could become a crime in her system of thought. Her concept of living with honor contains these ideas, but also stretches outside her value system to the world of public opinion. She wants her reputation to be judged honorable, and thus bases her acts on her assessment of the value systems of others in addition to her own.

Saint-Géran adheres to a more worldly approach to questions of morality. He seems to reject, in his maxim, the rigid Christian worldview of the polarities of good and evil, moral and immoral. And yet he is by no means a nihilist, for he clearly shows a developed system of values, that of the current mores of his time and his social class, which he accepts and acts by. He seems to respect a constancy of relationship, and love relations based on the mutual esteem of two superior types of people. He contrasts this situation with that respected by Madame de Luz, where only imposed laws bind two people together. This is of course essentially the difference between her relationship with her husband, and that which he would like to have with her. After attacking her value system, he proceeds to attempt a destruction of her second basis of action – the concern about public opinion. The public, he points out, respects a liaison when it is based on love and of continuing quality and duration. The proof of this is that certain laws of behavior are expected to be followed by these couples, much as if they were married. The story he tells in Maxim 20 is an example of all this, with the authority of the king linked to his argument. The maxim of Saint-Géran is limited in scope, both because he is describing specific moral behavior of his age – supposedly the early seventeenth century but most conceivably the eighteenth century – and because he is posing this moral position with specific intent, that of seducing Madame de Luz by rational and intellectual means.

Madame de Luz resists this argument and later convinces Saint-Géran to leave her and fight in Hungary. She will attempt to influence her passion with the power of reason and to feel more sentiment for her husband. She urges Saint-Géran to do the same, claiming strongly that she will do her duty even if happiness and love do not ensue. Her thought patterns, as seen in the maxims, have thus evolved: whereas previously happiness was proposed as the result of virtue, now it appears not to follow necessarily. How ironic that happiness and tranquillity were the two ends she claimed to seek by leading the virtuous life in resisting Saint-Géran, and that neither state was attained by her though she fulfilled her basic requirements. And Saint-Géran who yielded to her values and remained satisfied with first a platonic relationship and then separation, would later follow her in unhappiness, rage, and death. Thus the maxims set forth by these two characters pose two possible ways of approaching life, but two ways which fail within the scope of this novel.

M. de Thurin, the magistrate in charge of trying the conspiracy case of M. de Luz, represents a meditated amoral world approach. His penchant for Madame de Luz and his power over her husband's fate combine with devastating results for her. His maxims, said and thought in her presence, attempt to sway her beliefs, and present an interesting didactic discourse:

Je sais, madame, que ce que j'exigeais de vous est ordinairement le fruit de l'inclination, plutôt que de la reconnaissance; cependant la dernière rend peut-être une femme encore plus excusable que si elle se livrait à un vain caprice. (Maxim 31, p. 170)

M. de Saint-Geran, madame, vous trouverait sans doute plus disposée à reconnaître un service de sa part, qui de la mienne vous devient odieux; et c'est ainsi que la vertu des femmes n'emprunte sa force que de la faiblesse de celui qui l'attaque. (Maxim 32, p. 170)

Toutes les parties dont les affaires prennent un mauvais tour, et qui ne peuvent en prévoir qu'un succès malheureux, ont coutume de déclamer contre leurs juges. Ces reproches, trop souvent répétés, ont aujourd'hui perdu tout crédit, lors même qu'ils sont les mieux fondés. (Maxim 34, p. 171)

Cette vertu, si précieuse à vos yeux, n'est qu'un préjugé chimérique, que les hommes, par un autre préjugé, exigent dans leurs femmes ou dans leurs maîtresses, et dont ils font peu de cas dans les autres. Elle peut quelquefois faire naître une estime stérile; mais, comme elle est contraire à leurs plaisirs, qui est leur intérêt le plus cher, ils ne croient pas lui devoir beaucoup de reconnaissance. (Maxim 35, p. 171)

Les rois aiment mieux tolérer ou dissimuler un abus, que d'annoncer, par un châtiment d'éclat, qu'ils ont fait un mauvais choix, et laisser soupçonner au public, dont les jugemens sont toujours outrés, que ceux qui sont en place peuvent être aussi criminels, mais qu'ils ont plus de prudence. J'ajouterai que les juges dont l'intégrité n'est pas absolument inflexible, ne sont pas toujours les moins nécessaires à la cour. Il se rencontre souvent des affaires délicates où l'on a besoin de ces génies adroits, de ces consciences souples, qui sachent le grand art de se prêter aux circonstances, en méprisant les formalités. On leur passe souvent bien des irrégularités à cause des services qu'ils peuvent rendre en plusieurs occasions où il s'agit d'affaires importantes, dont quelques uns, qui prendraient leurs répugnances pour de la vertu, ne voudraient pas se charger, et que des esprits libres et dégagés des scrupules font réussir. (Maxim 36, pp. 172-3)

Une femme qui s'est une fois livrée à un homme, si elle ne lui a pas engagé son coeur, lui a du moins donné des droits sur sa complaisance: ou elle s'attache à son amant, ou elle obéit à son tyran; et la passion brutale d'un scélérat n'en exige pas davantage. (Maxim 49, p. 183)

Thurin's dialectics in these maxims posit a libertine conception of the world, and stress the merits of corruption. Duclos has Thurin, as he had Saint-Géran, employ the vocabulary of Madame de Luz and indeed her value system in an attempt to get her to yield to him sexually. He tries to prove in Maxim thirty-one that infidelity can become a virtuous act in a relative sense. To surrender to him in order to save her husband is much less evil than to yield to a natural passion, he claims. Then again, virtuous abstention is often the mere result of dislike of a suitor, he suggests, his pride hurt by her continued resistance. The virtue that she talks about is really just another prejudice used by men to control women, but nothing they believe in, he argues, since it might run counter to their pleasure. Lack of virtue or scruples is indeed an asset in a judge, and an attribute sought after by kings. So she should not believe that a king would publicly admit an error in judgment if she accused Thurin, and would tend to favor a useful dishonest man over a supposedly virtuous woman. He thus brings her to believe both that the only way to save her husband is to yield to him, and that any reprisals she may attempt will be futile and self-damaging. The maxims are used in this way by Thurin to frighten, to mislead, and to seduce, while pretending to have a general value – some based on the supposed nature of women and men and some on more particular conditions. They ultimately succeed in all three aims, affirming the power of words put to amoral ends, and the definite strength of the maxim.

The reader is also impressed by the force in the world of this third approach to man and morals. Thurin has absolutely no conception of the possibility of a woman truly adhering to strict virtue, as maxim forty-nine demonstrates, and is really shocked that Madame de Luz will not continue the liaison after her first submission to him. An analysis of these maxims leads one to wonder if Thurin has prevailed over Madame de Luz solely because the virtuous are easy prey for the immoral, or if more subtle forces were at play in their interrelations. Was it not her Jansenist-like quest for complete purity and the submission of the passions to reason, that led her to feel guilt because of her passion for Saint-Géran? And wasn't it this guilt that Thurin successfully played upon, and which made her question her right to follow her beliefs and let her husband die? And wasn't it his strong suggestion that public opinion would go against her which was a further influence upon her? In other words, these maxims seem to indicate that one component of the downfall of Madame de Luz was her rigid and at times inconsistent concept of how to act.[2]

Despair following submission to Thurin causes Madame de Luz to send Saint-Géran away, and she then retires to the countryside in search of an elusive tranquillity. Here, though, she catches the fancy of the Comte de Maran and the Chevalier de Marsillac – two opposite types of noblemen. Maran, of low birth and morals, is filled with pretention and has attached himself to the court. Duclos paints his character by presenting his thoughts and his point of view in two maxims, which are not spoken by Maran, but are obviously presented from his perspective:

Il était, ainsi que tous les gens sans esprit et sans éducation, dans le préjugé grossier et ridicule qu'il n'y a point d'amans dont les femmes ne soient flattées; qu'elles n'ont jamais qu'une vertu fausse, et qu'il suffit d'être entreprenant pour être heureux avec elles. (Maxim 60, p. 190)

Le comte de Maran croyait qu'il n'y avait rien de honteux en amour que de

---

[2] One might note that this episode composes the first of two parts of the novel, and indeed more than half its length.

n'être pas heureux; et que les moyens les plus sûrs de le devenir, même les plus criminels, étaient toujours les meilleurs. (Maxim 61, p. 190)

His thinking in these aphorisms is at the base of his acts which follow. He has no belief in a virtuous woman, sees success in love as equal to happiness, and the best and only way to aim one's acts. His ethic is one of pleasure and self-interest and when he comes upon Madame de Luz bathing alone in an idyllic stream, it is no surprise to the reader that he attempts to rape her. Marsillac, the more noble of the two suitors, duels Maran to save Madame's honor. He wins, and then is overcome with passion at the sight of the naked Madame who had fainted, and proceeds to rape her himself. Filled immediately with remorse, he bitterly questions his situation; and his thoughts are presented in maxim form:

Eh! Comment, avec de pareils sentiments, avait-il pu cesser d'être vertueux? Faut-il que la vertu dépende si fort des circonstances! (Maxim 66, pp. 193-4)

All men are not evil by amoral philosophy like Thurin and Maran, but the passions of men are a reality and a force which the virtue of Madame de Luz appears unable to match.

Madame de Luz next turns to religion for consolation, in the person of M. Hardouin, a famous Parisian "directeur de conscience," known for his piety and wisdom in saving numerous souls of the ladies of the court. It is here that she is sexually overpowered a third and last time, and here that her religious approach to life and morals meets its ultimate ironic end in the rape and in her ensuing death. Hardouin's maxims present a casuistry as evil as it is clever:

Je vois que l'innocence a plus de scrupules, que le crime n'a de remords. Mais votre crainte salutaire n'en est pas moins louable: cette sainte frayeur est la sauve-garde de la vertu. Que celui qui est ferme dans la voie du Seigneur, prenne garde de tomber, dit Saint Paul; ayez soin d'opérer votre salut avec crainte et tremble-ment. Oui, madame, il est plus aisé de prévoir les écueils que de sortir du préci-pice. (Maxim 74, p. 198)

Le ciel est plus sensible à la conversion d'un pécheur qu'à la persévérence de plusieurs justes; c'est pour les âmes repentantes que les trésors de la grâce sont ouverts. (Maxim 75, p. 198)

Il faut, lui disait-il, recevoir avec une résignation parfaite tout ce qui vient de Dieu. Il ne fait rien que pour sa gloire et pour notre salut; soit bienfaits, soit ad-versités, de sa main tout est grâce. Il n'y a point de malheur qui, dans quelques-unes de ces circonstances, ne porte avec lui un motif de consolation. (Maxim 83, p. 202)

Car enfin il ne faut jamais compter sur la vertu humaine, une telle confiance en sa propre force serait un orgueil trop criminel. (Maxim 84, p. 202)

Il y en a plusieurs (casuistes) qui ont penché à ne pas regarder comme un péché mortel le commerce de deux personnes libres. Il est vrai que le sentiment de ces docteurs n'a pas été admis, et je ne sais pas pourquoi; car enfin il y aurait bien moins de coupables qu'il y en a, puisque ce n'est que la loi qui fait le péché. (Maxim 85, pp. 202-3)

Hardouin uses the ideas and the vocabulary of religion without any moral base to his thought. This again is the vocabulary of Madame de Luz. Maxims seventy-four and seventy-five show a basic manipulating of words in dealing with supposedly penitent women. Hardouin at first tells her the innocent seem to fear more than the guilty, but they have little cause to; and then when he sees she may indeed have some reason to feel guilty, he indicates that the best state is to be a guilty person who repents! When her husband dies suddenly of an illness, he suggests that this is a blessing, to reassure her of course, but also to intimate that she now may be free to follow another passion – with him! He further slants his teaching with the goal of seducing her, suggesting that virtue is not ultimately strong, and that one may indeed hold secret passions. He explains that some ministers even teach that a relationship between two free people is not a sin, and that the law makes the sinner. He is appealing to the opinions of others as a force in making decisions, and here the opinions are attributed to men of religion. The maxim in his hands is twisted in a most ironic fashion. The man of religion speaks noble-seeming precepts with an ignoble aim! And when they fail he drugs Madame de Luz and rapes her anyhow.

The analysis of those maxims which are presented from the point of view of the narrator is necessarily more complex in that his vision is wider than that of any one character, and that he is commenting on characters, actions, and his society in general. His maxims are in many ways central to the study of the characters, and of the author's entire fictional presentation. A series of pertinent questions might be considered, such as: What does he analyze? How is he using the maxim? Which aspects of each character does he choose to present in the maxims, and how do these coalesce to form a certain whole? It must again be clearly noted that we are here discussing those maxims which Duclos has the narrator of the novel utter directly to the reader, which have been separated from those which individual characters express.

The maxims of the narrator can be divided into seven general areas of reference. Twenty describe or pertain to Madame de Luz, seven to Saint-Géran, eleven to Thurin, one to Maran, four to Marsillac, eight to Hardouin, and the remaining seventeen to the social scene in general. Each of these categories will be examined to further assess this perspective of narration. It will be seen that the narrator of *Histoire de Madame de Luz* appears to employ the maxims as a means of painting the motivation and psychology of his characters, and of certain social types.

The narrator's treatment of Madame de Luz in the maxims is an apt beginning for our discussion, since it is she who is the subject of the greatest number of maxims, and clearly the central figure of the novel. The first maxim of the work combines all the forms of the maxim discussed in our second chapter, that of aphorism, epigram, pensée, and portrait. It serves both as a reflection of the form and content of the first part of the novel and as an introduction to the character of Madame de Luz, who is presented as the epitome of the virtuous woman:

Il semble que la vertu d'une femme soit dans ce monde un être étranger, contre lequel tout conspire. L'amour séduit son coeur; elle doit être en garde contre la surprise des sens. Quelquefois l'indigence, ou d'autres malheurs encore plus cruels, l'emportent sur toute la fermeté d'une âme trop longtemps éprouvée: il faut qu'elle succombe. La vice vient alors lui offrir des secours intéressés, ou d'autant plus dangereux, qu'il se montre sous le masque de la générosité. Le malheur les accepte, la reconnaissance les fait valoir, et une vertu s'arme contre l'autre. Environnée de tant d'écueils, si une femme est séduite, ne devrait-on pas regarder sa faiblesse plutôt comme un malheur que comme un crime: car enfin la vertu est dans le coeur, mais la malignité humaine ne veut juger ici que sur l'extérieur, quoique, dans d'autres occasions, elle cherche à développer le principe secret des actions les plus brillantes, pour en diminuer le prix et en obscurcir l'éclat. Quels sont donc les avantages d'une vertu si difficile à soutenir? Étrange condition que celle d'une femme vertueuse! Les hommes la fuient, ou la recherchent peu; les femmes la calomnient; et elle est réduite, comme les anciens stoiciens, à aimer la vertu pour la vertu seule. (Maxim 1, p. 147)

This maxim also touches upon a series of essential questions posed by the novel. The breakdown of the Christian value system is suggested. The narrator refuses to label Madame's implied seduction a crime, but calls it more "un malheur," a morally neutral term and one which assesses a person on a human rather than metaphysical level. Also, the concept of the rewarding of the virtuous is seen as not universally true, since happiness will not necessarily come to the virtuous woman. Public opinion is presented as a shallow and distorting phenomenon, one which quickly accepts the appearances of evil in the virtuous, and even searches for some flaw in the seemingly innocent. This maxim deviates curiously from the truth of the story in suggesting that men flee a virtuous woman – the very opposite of the troubles of Madame de Luz!

A series of these maxims (Numbers 30, 33, 45, 46, 57, 78) comment upon and portray Madame de Luz's feelings of guilt. It is this emotion in fact, the narrator demonstrates, strengthened by her sense of the necessity of total virtue, which at first prompts her to go to Thurin for aid in helping her husband, and then induces her to be led by his intimations that she won't save her husband because she loves another instead of Thurin. As the narrator states, "le malheur des âmes délicates est de se faire des scrupules," (Maxim 45) and she is in part causing her own grief. She treats the crafty Thurin according to her principles, with moderation, honesty, and kindness; and this clearly is an example of her virtue leading to her downfall in that he is operating under a completely different value system and interprets her kindness as a possible affection for him. Reasoned virtue does not fare well against the force of passionate amoral plotting.

With Saint-Géran, the narrator shows Madame de Luz to justify her open conversations admitting her love by the reasoning that it is under control and therefore perfectly acceptable behavior. The reader may agree with this idea, but it seems to point out inconsistencies in her basic thought processes. She is seemingly uncompromising but then bends her conception of virtue in such instances. In maxim fifty the narrator shows how her seduction by Thurin has made her feel a failure both according to her concept of virtue, and in her love for Saint-Géran. It is interesting that the latter failure is shown to bother her the most. Other maxims of the narrator explain why she seeks privacy and why her very remorse appeals to Hardouin; and how she allows herself to be consoled and then can't cry out against Hardouin because of her continuing concern for reputation, resting passively miserable until her ensuing death. The narrator's maxims relating to Madame de Luz have thus painted her emotional states, given reasons for her acts and for her reactions, explained in part her relationships with the men of the novel, and suggested several important ambiguities in her apparent totally virtuous self-direction in her unsuccessful quest for the life of virtue and happiness.

Those maxims of the narrator describing Saint-Géran (Maxims 2, 4, 17, 18, 23, 24, 44), paint a complex portrait for the reader. Saint-Géran is no lily-pure lover who dwells only in the world of the controlled emotion. He lives with desire for Madame, a desire combined with respect and admiration, hope, confidence and, for a time, happiness. His view of his position is perhaps at first distorted by his hope of seducing her, but he continues to hold onto the other values and can live platonically with her. The narrator suggests how differently from Thurin he acts in time of need. The twenty-third maxim, which contrasts the feelings of Saint-Géran for Madame de Luz with those that exist in the ordinary "homme à la mode," is a fascinating study of man and his nature, and essential to Duclos' view of this question:

Quel bonheur d'admirer ce qu'on aime! Quelque chimérique que cet état paraisse à la plupart des hommes, peuvent-ils y préférer un commerce languissant, où souvent le dégoût succède au plaisir? Ce n'est pas un vice de notre âme, c'est celui de nos organes. La nature n'a attaché la vivacité de nos goûts qu'à la nouveauté des objets; et s'il était possible d'apercevoir dans un seul instant tout ce qu'il y a de charmes dans un objet, il n'inspirerait peut-être qu'un seul désir, et la jouissance ne serait pas suivie d'un second. Mais on ne découvre que successivement ce que cet objet a de piquant; le commerce se soutient quelque temps; mais enfin le goût s'épuise: je n'en voudrais pas même d'autres juges que ceux dont la vie est une inconstance perpétuelle; que ces hommes dont une figure aimable, un jargon séduisant, une saillie brillante font tout le mérite, et dont la raison détruirait les grâces. Courus des femmes, le plaisir et la vivacité les emportent; mais bientôt la multiplicité des objets ne leur offre plus de variété: rien ne pique leur goût, et leurs sens sont émoussés. Malheureusement pour eux ils se sont fait un métier d'être aimés des femmes; ils en veulent soutenir la gloire; ils y sacrifient le plaisir, le repos et la probité. Toutes leurs intrigues leur paraîtraient souvent insipides, s'ils n'y joignaient le goût de la perfidie. Le plaisir les fuit; et lorsqu'en vieillissant ils sont obligés de renoncer au titre d'aimables, inutiles aux femmes, au-dessous du commerce des hommes, ils sont le mépris des deux sexes. (p. 159)

In this long portrait, the narrator refuses to downgrade man morally, and instead concentrates on seeing him as he is – on seeing what it means to be human. This is not "un vice de notre âme, c'est celui de nos organes." Man's nature leads him to seek ever new love objects and inconstancy is viewed as a natural effect of this seeking – one which may lead to disgust in the sport and the loss of pleasure which initially motivated it, but one which seems to follow naturally the impulses of man. We might note how different this appraisal of man is from the traditional Christian approach in that the moral question is evidently lacking: this is not evil, or a result of man's fall or of his total corruption, but more exactly a description of a life pattern he can easily fall into. It is also important to note that although this life style is not criticized on moralistic terms, it fails in its human goal of bringing pleasure and repose. In no way is the narrator posing this as the best way to lead one's life, as might a Sadean nihilist, even though he is not suggesting it as evil.

Saint-Géran is presented as an interesting example of several types. At first he is seen as an "homme à la mode" who is trying to seduce Madame de Luz, albeit by reason. But when his arguments for a more social morality fail to convince her, he bows to her wishes for a platonic relationship as their only possible intercourse, and lives in happiness. It is only after she has been raped that her guilt sends him away. Then after her third attack, when she confesses all to him and dies in despair, he follows her to the grave, dying of anger and sadness. The crushing irony of this conclusion has vast dimensions.

The narrator uses maxims to introduce the magistrate Thurin to the reader, and to describe his emotions which lead to his seduction of

Madame de Luz. (Maxims 7, 8, 9, 10, 14, 15, 38, 40, 42, 44) His pride, and again the hope that comes with infatuation, keep him after her at first, and then when he possesses damaging evidence against her husband, he uses this to influence her. He also makes use of rumors to frighten her, and generally, in contradistinction to Saint-Géran, takes advantage of the situation to exploit her. Thus the narrator uses maxims to show several dimensions of the mind of a scoundrel. We expect him to act as he does, and we see the society which favors the success of men like him.

The one maxim which the narrator employs to describe Maran (Maxim 59), and the four set forth concerning Marsillac (Maxims 62, 63, 64, 65), are significant in their tone of generality. These two, as has been already discussed, are types of courtiers, placed in juxtaposition as types rather than individuals, and the maxims describing their behavior and positions affirm this. What is significant in the novel's apparent frame of a moral testing ground, is that Madame de Luz's virtue and purity is safe neither from the principled (such as Marsillac) nor the unprincipled (such as Maran) men of the court. Indeed the court and its aristocratic circles appear as symbols of claustration and confinement: [3] Madame de Luz cannot escape its suffocating atmosphere in any of her moves.

The narrator also uses maxims to introduce and describe the terrible Hardouin. He is situated temporally in a Paris of much vice and of many confessors who cater to it (Maxims 68, 69, 70, 77, 80, 81, 82, 87). His profession places him in a situation of hearing talk of much passion. The narrator suggests that man is indeed weak and at the mercy of his imagination and senses, and that grace must be strong to combat this temptation – which of course it does not in this case! The narrator makes a point of explaining that when we commit any crime we are aware of it at some level of our being no matter what rationalizations we have contrived for ourselves, and we are thus responsible for our acts. (Maxim 80) He suggests that hearing about crimes over and over renders them less shocking, and lowers our defenses against their temptation. Hardouin uses his mind to plan his rape – he doesn't let hasty passions lead to a defeat, and the author suggests that "le crime n'est jamais plus dangereux que sous le masque de la vertu." (Maxim 87, p. 206) His is perhaps the worst of the crimes recounted. Thus a social setting is given to this villain by the maxims, and various aspects of his dark soul are explored in this manner.

---

[3] For a discussion of a similar effect of the court, the reader is referred to an article by Serge Doubrovsky, "La Princesse de Clèves: Une interprétation existentielle," in *La Table Ronde,* CXXXVIII (June, 1959), pp. 36-51.

An additional series of maxims are used by the narrator to reflect upon various aspects of the social scene of the novel, rather than upon the characters. The background for the conspiracy in which M. de Luz is involved, which thus leads to Thurin's power over his fate and the first seduction of Madame, is approached in the maxims in several ways. Biron, the mastermind of the plot, is seen both as having as excess of self-esteem, and a courage devoid of any virtue to direct it. In time of peace this military man is a misfit of sorts, and a good candidate for treason. (Maxims 25, 26, 27) La Fin, as his chief aide, is given an extensive portrait that touches not only upon the narrowness of his character, but suggests an ethic which is central to the work: that of men using other men to gain their personal goals.[4] Here we see distinctly posited the master-slave or exploiter-victim situation, wherein he who manipulates others has them under his control, and wherein personal interest is the only consideration. La Fin does not let vanity or others' seeming reactions dupe him; his goals are clearly before him. He enters the conspiracy of Biron against the King to profit from it, but totally prepared to sacrifice Biron if things go badly. How bitterly the narrator ends the maxim: such an unprincipled man, seemingly, is the sort who will succeed in the society of his age. And yet he doesn't, making this another example of a maxim contrary to the facts of the novel. The King comprehends his character very well, and uses him as he has used others, to uncover the conspiracy.[5] M. de Luz, on the other hand, is not very clairvoyant (which maxim three suggested is a characteristic failing of those who are not passionate by nature), either in assessing his wife's feelings for him and for Saint-Géran, or in understanding the scope of the Biron conspiracy. He is principled though, and is not the sort to turn on the other conspirators.

The men and women of the court are described in maxim-portraits that are indeed telling as to Duclos' world view. We are shown the role of the military man, one who fights for glory no matter who is the enemy, and is rewarded by a king who himself likes war but makes peace for his people. We see the strong current of gossip among the rich of Paris with much time on their hands. Their inconstancy and unprincipled judgments are made to stand out distinctly during and after the arrest of M. de Luz:

Tous ceux qui étaient restés amis de M. de Luz, ou qui crurent qu'il était permis de le redevenir, partirent avec lui. D'autres se recrièrent sur la justice du roi, sur l'in-

---

[4] This maxim, number 28, was quoted fully on page 28.
[5] The reader's attention is directed to page 164 of our edition of Duclos, a page interesting for the many levels of duplicity found there.

nocence du baron, et disaient qu'ils ne l'avaient jamais soupçonné d'être criminel; que tôt ou tard la vérité perce, et que l'innocence triomphe: Enfin les courtisans de ce temps-là pensaient et parlaient comme ceux d'aujourd'hui. (Maxim 47, p. 181)

This maxim of the narrator has an unusual multiple perspective. First, the narrator is commenting on those of the time of Madame de Luz, those idle hangers-on of the court on whose opinion one's reputation depends. They switch loyalties with the tides of thought about them, and judge not on facts but on political grounds. A second aspect of this maxim is the fact that these unprincipled souls utter maxims! This has an ironic value because of their quite unreflective nature: they are saying the truisms that appear to apply to the given situation. The maxim does not describe their behavior in fact with M. de Luz, since they did suspect him, and they know quite well that justice and innocence do not always triumph in such a societal group, and that the truth does not always reach the king, all this being the base really of their court life of flattery and influence-seeking. Most ironic perhaps is the fact that the seeming judgment of innocence is counter to the truth – since M. de Luz is indeed quite guilty – and was bought with the seduction of Madame de Luz. The narrator's appending the last sentence onto this maxim multiplies the levels of significance of the statement, in that he suggests that there is a definite comparison to be made with the courtisans of his age and of that of the story. This serves to establish both the distance and the connection between the two time periods. It also is a rather direct suggestion that the historical setting is but a strategem to lend an aura of truth to a quite fantastic tale – a procedure that was continually employed in the eighteenth century French novel.[6]

The men of the court are most closely painted in maxim seventy-one:

Dans la jeunesse, ils se livrent aux plaisirs et à la dissipation et c'est peut-être alors le temps de leur vie le plus innocent. Lorsqu'ils ont épuisé, ou plutôt usé les plaisirs, ou que leur âge et leur santé les y rendent moins propres, l'ambition vient s'en emparer. Ils deviennent courtisans; ils n'ont pas besoin de vertu pour suivre leur objet; mais il faut du moins qu'ils en aient le masque, et par conséquent un vice de plus. Le succès ne fait que les attacher d'autant plus à la fortune. Les disgraces en ont quelquefois précipité au tombeau; mais il est rare qu'elles les ramènent à Dieu. (p. 196)

Perhaps the most fascinating aspect of this maxim, besides the bitter view of the men described, is the hierarchy of values posed. Living with dissipation and pleasures is considered quite innocent in relation to the

---

[6] See the studies of the eighteenth century French novel by Georges May and Vivienne Mylne.

life of ambition; and wearing the mask of virtue to cover one's acts is seen as a double vice, one much worse than simply living a passion-oriented life. One thinks again of the life proposed by Saint-Géran to Madame de Luz – one of living together with love and constancy even though not married – in contrast with the ambition and vice of Thurin, Maran, and Hardouin. In the light of Madame's story, it seems evident that the danger for the woman who proposes to lead a strictly virtuous life lies not only with those who propose a life of physical satisfaction, but also with those who place ambition and their social goals above all else. Most men, it appears, possess a nature which leads them to ultimately unhappy lives, those of pleasure-seeking in the form of constant inconstancy, or superficial liaisons which finally lead to boredom instead of some higher level of sensual or supersensual joy. It can again be noted that they are not chastised morally for this proclivity. It is basically a part of human nature, or at least here shown in the maxims as a part of the nature of the rich and idle men of the court.

Two maxims contrast the life of the women of the court with the above view of that of the men, and it is by this juxtaposition that a more complete picture of human beings and activities is received:

Il n'en est pas ainsi des femmes de la cour. Dans la jeunesse uniquement occupées du soin de plaire, elles en perdent en vieillissant les moyens, et jamais le désir. Quelle sera donc leur ressource? Le peu de soin qu'on a pris de leur éducation, fait qu'elles en trouvent peu dans leur esprit; et il y a encore plus de vide dans leur coeur quand l'amour n'y règne plus. Peu d'entre elles, après avoir été amantes, sont dignes de rester amies. Ne pouvant donc se suffire à elles-mêmes, le dépit les jette dans la dévotion. D'ailleurs les femmes, au milieu de leurs déréglemens, ont toujours des retours vers Dieu. On a dit que le péché était un des grands attraits du plaisir; si cela était, elles en auraient plus que les hommes; mais cette maxime, fausse en elle-même, l'est encore plus par rapport aux femmes. En effet, elles ne sont jamais tranquilles dans leur faiblesses, et c'est de là sans doute que vient la pudeur qu'elles conservent quelquefois encore avec celui à qui elles ont sacrifié la vertu. Quelques unes ne sont guère moins ambitieuses que des hommes le pourraient être; elles veulent du moins décider des places que leur sexe ne leur permet pas de remplir, et la dévotion leur en donne les moyens. Les dévotes forment une espèce de république, où toute l'autorité se rapporte au corps, et les membres se la prêtent mutuellement. (Maxim 72, p. 196)
La dévotion est le dernier période de la vie d'une femme. (Maxim 76, p. 198)

Court women are thus educated in their youth to please the opposite sex, and this education provides no source for other activities or inner fulfillment. It is remarkable that the narrator attempts to discredit the maxim presented within this maxim – that sin is a great attraction in pleasure-seeking – both in general and specifically in its reference to women, whom he claims are never tranquil during their "faiblesses," that is, the time of their life when they are attempting to please men and themselves through amorous liaisons. He suggests that this is the reason behind their modesty even with their lovers. Neither the man nor the woman finds happiness, or tranquillity, which seems to be one of the often mentioned signs of happiness. Their actions during this period of their lives make them unworthy as friends. This description suggests another hierarchy of values, placing "amant-amante" on a lower level than "ami-amie." This hierarchy is merely implied in this novel, but is fully considered in the other two novels of Duclos. Once this degradation inherent in the situation of the "femme de la cour" has taken place, and age has weakened her powers to attract, the woman also is led by ambition, and her mask of virtue takes the form of a turning to devotion. This appearance places her in a position of more power, that of choosing the positioning of others at court. False devotion is thus seen as a strong means to the end of power in the aging woman.

The narrator has used his maxims in such a way as to paint the psychology and the motivations of the major characters, and then to situate these characters and their experiences in the milieu of court life. The maxim has thus served to explain and to widen the scope of the novel. It has also served to suggest several cogent ethical approaches to life.

In order to ascertain effectively these ethical approaches suggested by the maxims of this novel, it seems appropriate to summarize the positions presented by the narrator and the characters. In essence three value systems are set forth and then tested in the given fictional life situations of the novel:

(1) The Christian value system of virtue and vice, embodied in the principle of marital fidelity, and followed to some degree by Madame de Luz.
(2) The nihilist, hedonist, egoistic system which places before all else the interest of the self, embodied in the amorous and political ambitions of Thurin, Maran, and Hardouin. They each use other people for their personal aims of power and pleasure. It is suggested by the narrator that they are examples – albeit extreme ones – of many tendencies of the life styles of the rich and powerful of their age.
(3) The humanistic, "middle of the road," relativistic, at times utilitarian system which rejects the necessity of the total acceptance of Christian values, but which also gives priority to certain absolutes (such as honesty, kindness, esteem and constancy as measures of love and friendship) over the individual's self-interest. This approach is epitomized by Saint-Géran in his dealings with Madame de Luz, and also by Marsillac. Saint-Géran, it must be noted, is a very passive and ineffectual individual, and Marsillac's principles are overpowered by circumstance.

The maxims of the narrator serve to strengthen the reader's comprehension of these possible bases of action. They do this by tracing motives and thoughts and general societal conditions which prevail. These maxims also solidify and deepen the fictional nature of the characters by delineating ambiguities in their positions, for the most part showing them to be less types than individual characters. One might again mention Madame de Luz's unnecessary guilt feelings and her bowing to an imagined public opinion; these too, result in her being more than a simple prototype of virtue overpowered by vice. The narrator generally adopts in the maxims a sympathetic attitude to Madame de Luz, to Saint-Géran, and to Marsillac, and a harshly critical though understanding one to Thurin, Maran, and Hardouin.

The question of which ethical approach is espoused and proposed by Duclos, if any, is an exceedingly complex and difficult one to answer. The discussion of an author's "intentions" is often fruitless and self-defeating, unless he himself makes them clear. Instead let us examine and compare what is said in the maxims of the novel, summarized above, with what is shown in the events of the work.

Those intent on a life of virtue, like Madame de Luz, tread a most dangerous path, one threatened both from within by their passions and from without by those of others. Her course of action yields no happiness, and one cannot help conjecturing that she would have satisfied a greater number of her aims by acquiescing to Saint-Géran than by resisting him and being raped by three unloved men! The three unprincipled hedonists are certainly seen as forceful figures in the world, and ones who are likely to be on the winning end of their battles. One cannot however say that Duclos paints them sympathetically, or suggests that one emulate their acts. They are unquestionably seen as products of a society which allows the ambitious to succeed by devious means. Also, it must be remembered that Duclos includes many maxims insisting upon the eventual boredom, unhappiness, and general discontentment of these men as they age. Those who opt for a more moderate and humanistic world approach – Saint-Géran and Marsillac – unfortunately do not achieve much success in the novel. Marsillac allows his passions to compromise his values, and then leaves the country in great remorse. Saint-Géran fails to influence Madame de Luz to accept his values, and then fails to avenge her mistreatment.

Certainly, once given the society which is portrayed in this novel, one would have to conclude that Duclos shows the nihilists attaining the most power in human relations. But one must also conclude that none of the three world approaches succeeds in the most essential human goal of yielding happiness to the individual during his lifetime. Remembering the many maxims in this novel suggesting the necessity of changes in the educational system, we may conclude that Duclos paints the disappointing realities of his society, but holds out, in melioristic fashion, for a better one where humanists may prevail. Duclos can be seen thus to use the maxims of the novel to define human nature and behavior, and to describe and judge the rules and masks of society.

CHAPTER IV

THE MAXIMS IN THE *CONFESSIONS DU COMTE DE* ***

Duclos' second novel, the *Confessions du Comte de* ***, published in 1741, is a very different fictional work from the *Histoire de Madame de Luz*, and the maxims of this novel will be seen to change in several aspects of their nature and their role. The novel was extremely popular in the eighteenth century, as was mentioned in the first chapter of our study, and was the subject of much discussion in its time. Voltaire's comments are perhaps typical:

Ce n'est qu'un journal de bonnes fortunes, une histoire sans suite, un roman sans intrigue, un ouvrage qui ne laisse rien dans l'esprit et qu'on oublie comme le héros oublie ses maîtresses. Cependant je conçois que le naturel et la vivacité du style et surtout le fond du sujet aient réjoui les jeunes et les vieilles.[1]

Villenave, in the preface to his edition of Duclos' complete works judges similarly:

Ce n'est pas l'imagination qui brille dans ce roman: il n'offre qu'une suite d'aventures sans liaison; mais les mœurs du temps y sont peints avec esprit et fidélité. ... C'est par les vérités des réflexions, par la finesse des aperçus, par un talent rare d'observation que cet ouvrage se fit distinguer dans la foule de romans verbeux du temps.[2]

Most critics of Duclos, as the two above, fail to seize upon an evident two-part structure of the work, one which our study will attempt to describe, and which affects the maxims of the novel.[3] Before entering into our technical study and discussion, it will be useful to sketch briefly the main outlines of the novel's plot and characters.

---

[1] Quoted by Pierre Gilbert, in "Une résurrection littéraire: Charles Pinot-Duclos," *La Revue Critique des Idées et des Livres*, XCV, tome 16 (March 25, 1912), p. 684.

[2] Villenave, p. vii.

[3] Versini's already mentioned brief essay is an exception to this. He clearly indicates the basic form of the novel.

The *Confessions du Comte de* ***, as suggested by the title, is the life story of an *homme à la mode*, recounted by him for the benefit of a younger relative. At the time of the telling he is in his late thirties and has retired during the preceding year to a country retreat where he lives happily and with great tranquillity with his wife. This young relative and friend cannot believe that he has renounced the society of Paris and the court. The Count claims to have decided to write this detailed account of the experiences of his past and what detached him from it, in order to convince his relative of his present sincerity and also to impart a lesson: "Ce récit sera une confession fidèle des travers et des erreurs de ma jeunesse, qui pourra vous servir de leçon." (p. 220)

His memoirs are thus in the form of one long letter. This is interesting to note since the writing of a letter implies the writing of it *to* someone in particular, and the inclusion or omission of details according to the knowledge and interests of the reader, and according to the purpose of the letter. In this case, the Count and his young friend share a common social position and experience, and are able to participate in a witty and urbane — if one way — conversation based on the fact that they both know the types of people described and their typical comportment. This fund of knowledge about worldly behavior is implied in the general nature of the many maxims of the novel, and is one justification for their presence. Since the Count is giving an account of his first encounters with society dating back approximately twenty years, he is also marking the distance between what he was and what he is; and what his thoughts were versus what they are. This also allows him to be detached, sophisticated, and witty, and the maxims are useful in creating this effect of distance. There are in a sense two narrators of the novel: the older and wiser Count now in retreat, and the younger *gallant*. And there are also two "readers": the young friend, a part of the fiction of the novel, and we. There is a subtle interplay of these factors within the temporal framework of the work, which merits a more detailed analysis than is suitable here. This situation is indeed very different from that of the anonymous and impersonal speaker of wisdom who is the narrator of *Histoire de Madame de Luz*, and the maxims of the two works, as may be expected, vary greatly.

The novel is separated by the author into two parts. The first part consists of adventures with seventeen women, includes fifty-five maxims, and is fifty pages long in the Villenave edition. It is basically a series of portraits of the women the Count meets. Each is described as a social type, which has led most of Duclos's critics to compare this first part with the chapter "Femmes" of La Bruyère's *Caractères*. In almost every case, at least one maxim is used by the narrator to fix the character of the woman in question. Each incident is fairly brief, which seems appropriate in the description of intense and lively moments. The young Count, who is handsome, rich, witty, and intent on his pleasure-seeking, receives an education about human behavior and the values of his social group from this series of experiences. He seeks out relatively easy and assured successes and there is no true seduction among these many encounters. A brief listing of the women involved, the length of the episodes, and any characteristic elements of the relationship should facilitate further discussion:

(1) Marquise de Valcourt – an aging aristocrat. His first conquest. Four pages.
(2) Madame de Rumigny – an older friend of the Marquise de Valcourt who steals him from her. Two pages.
(3) Dona Antonia – Spanish Marquise de Palamos. Much local color. Religion and constancy important to her. Her husband killed by the Count and she enters convent to end their liaison. Six pages.
(4) Madame de Grancourt – bourgeoise of French garrison town. Example of *galanterie française*. Window-climbing episode. Contrast with love of Antonia. Three pages.
(5) Madame L'Intendante – wife of commanding officer. Provincial bourgeoise with great affection. Necessary to flatter her vanity. Two pages.
(6) Signora Marcella – great passion of this Italian woman. Masks used. He leaves after three months upon the death of Louis XIV. Their story told in letter she writes to a friend. Five pages.
(7) Madame de Sezanne – young and newly married. After many fights he accuses her of being a coquette. Two pages.
(8) Madame de Persigny – coquette – fears boredom. Three pages.
(9) Madame de Gremonville – a *fausse dévote*. He is disguised as a priest to meet her. She leaves him after six months. Five pages.
(10) Madame de *** – wife of *conseiller au parlement*. Boring group of *noblesse de robe* described. Two pages.
(11) Madame d'Albi – *capricieuse*. Three pages.
(12) Madame Pichon – *marchande*. Three pages.
(13) Comtesse de Vignolles – true libertine. Enjoys physical relationship without any pretense or conversation of love, and without any courtship. A perfect mistress, but he leaves because of public opinion. Three pages.
(14) Madame de Léry – an intelligent coquette. She causes him to duel and a worthy opponent is killed for this unworthy woman. She's more dangerous to society in this instance than the libertine. Three pages.
(15) Milady B – English. Seemingly cold but really passionate. Totally private relationship. She kills herself when he refuses to abandon his life in France to travel around the world with her. Five pages.
(16) Madame de Tonins – has a *précieux* salon. Pretentions of the group are ridiculed. Count writes a poor play while part of the salon. Six pages.
(17) Madame Ponchard – *financière* – chosen because opposite of lofty salon types and woman of *bel esprit*. Disgust for these parvenus who copy airs and foibles of the court. Four pages.

The second part of the novel consists of seven adventures, includes fifty-four maxims, and is forty pages long in the Villenave edition. It differs in a number of ways from the first part of the novel. Rather than a series of amorous adventures which serve as lessons of the varieties and possibilities of satisfying sensual pleasure, and a general commentary upon professions and national characteristics and women, this second part presents the already initiated Count branching out to experiences of a different nature. He receives a series of lessons, and acts to help others rather than only himself. He begins to feel a certain emptiness in his soul, one not filled by the sensual pleasures that have previously satisfied him completely. This second part has at its base a much stronger atmosphere of drama. It includes a series of *péripéties* and a well-prepared and believable *dénouement*. The end is based on the Count's fatigue with the life of the *homme à la mode,* and his choice of the peaceful country existence he suggested at the beginning of the work. The narrative descriptions of this part are much slower paced and analytic. Again we will list the major events, continuing the numbering of the first part:

(18) MADAME DORNAL – She is the chosen woman of the Count's good friend Senecé. She is a dull and vain *bourgeoise,* and the group mocks Senecé's choice. The Count tries to help his friend by seducing her with flattery and then showing Senecé what she has done. This fails, since he forgives and then marries her. The Count affirms his value of friendship, and becomes aware of the folly inherent in poorly plotted romance. Nine pages.

(19) CAILLETTE – one of three at a time he courts – also the following two – neither bright nor passionate nor interesting. One page.

(20) JOUEUSE – prefers her card playing to him. One page.

(21) MADAME DERVAL – candid, simple woman. Lovers part of her existence. He leaves when letter urges that he return her to those who are waiting. Two pages.

(22) JULIE – Her newly widowed mother begs financial aid of the Count. She has heard that he pays well for his pleasures. She returns with Julie, and they are relieved that he makes no physical demands of her. He's greatly moved by their poverty, and decides to shape their future by giving Julie's fiancé a position managing his lands. This foreshadows his own end – living in married bliss in the country. His generosity yields much happiness to him as well. He has overcome self-interest to help others. He has also been given an example of love devoid of gallantry and subterfuge, and infused instead with devotion and sacrifice. He begins to be more critical of himself. Six pages.

(23) COMTESSE DE SELVE – This is perhaps the only real seduction of the novel. The Count meets this young widow in the country, courts her back in Paris, and their mutual love grows. She is well aware of his past exploits and is unwilling to add herself to the list. Finally though, on the eve of his leaving with his regiment, she yields to him. Predictably, his ardor slackens and he begins to court others, believing that she does not sense this. We note an interesting

layering of perspectives here: the young Count did not know she knew, but the older narrator and the reader sense this. Twenty-four pages.

(24) MADAME DORSIGNY – flirtatious and not too bright little woman who decides to take him away from Madame de Selve. Traditional comical scene when an uncle invites both women and the Count to the same dinner party. Then an added one of Madame de Selve coming upon them unexpectedly in the bushes. Stressed are the noble qualities of Madame de Selve, the unworthiness of Madame Dorsigny, and the useful blindness of the Count toward the suffering of Madame de Selve.

(23 continued) MADAME DE SELVE – her virtue and great wisdom reawaken the Count's love for her. But she sends him back to his amorous pursuits and only accepts his marriage proposal when she is assured that he is disgusted with this licentious freedom. They retire to the country to share a perfect relationship which is described as being more like friendship than love. The virtue of Madame de Selve has been rewarded, but we must note that the ending is neither ideal nor heroic. They live together sharing a relationship made possible in its constancy only because of the worldweariness of the Count.

It is easy to understand why most critics speak of this novel as an unordered series of escapades. The very quantity of experiences leads to the seemingly obvious but false conclusion that this is a linear "roman liste," and to the logical parallel assessment of mediocrity in aim and in form. This analysis falls far short of a thorough comprehension of the true nature of the novel, as we shall attempt to show, and does not recognize the effective development of a central theme through the bipartite structure of the work. Clearly, the primary social interest of Duclos, and the subject of this novel and its maxims, is a critical examination of the amorous code of the French aristocracy at the beginning of the eighteenth century. The first part of the novel can be seen as an exploration of the mores involved in this social game of gallantry. A definite though limited social morality is shown as part of this activity, and it becomes an oversimplification to refer to the Count merely as a libertine. One finds the following definition of a libertine in Funk and Wagnall's Dictionary: "One who gives free rein to his desires or appetites; a debauchee and a rake." The *homme à la mode* typified in part by the Count certainly follows his appetites, but in a most controlled and pre-planned manner, constantly under the watchful criticism of the nameless but powerful public and their sharp and effective tool of opinion. Our discussion of the novel will most certainly show that it is inaccurate to classify it simply among those depicting libertinism.

The second part of the novel can be seen as a more direct criticism of this system, and an expansion of the selfconsciousness of the narrator. If the first part shows how to succeed, then the second part may be said to show how to define success. The three lessons of the second part

– those of Senecé, Julie, and Madame de Selve – are in essence criticisms of the system at the base of the Count's comportment. Although critical judgments of the way of the Count are implied in the first part, especially since we know he has abandoned them for a life he considers better, these criticisms only become explicit in the second part. The novel thus does have a rather striking structural organization.

The maxims of this work reflect its narrator and basic subject. Almost all the maxims are expressed by the narrator: forty-six in the first part, forty-six in the second part, ninety-two of the hundred and nine of the novel. Only four of these maxims of the narrator are spoken in conversation: three with Senecé and one with Madame de Selve. All the rest are part of the narrator's descriptions and are both preceded and followed by his comments. We have already noted that a basic characteristic of Duclos' narrative technique is his prefence for description over conversation, and this is certainly true in this novel. It may be remembered that in his first novel, Duclos had the characters use the maxims very often as tools of seduction and ambition. In this novel this is never their purpose. Those of the narrator analyze human motivations and desires, and describe the contemporary scene; they advise and justify but they do not attempt seduction or falsification; nor do the few maxims spoken by characters other than the Count. In the first part, the author, who makes a conventional denial of having described real people and situations, a military officer, and four women comment on the code of behavior they follow and on the situation of women in it. The second part contains, in addition to the narrator's maxims, only one maxim by Senecé and seven by Madame de Selve. Each appraises from his own position the psychology of the love relationship, with inherent criticisms of men and the code in general. The place of these maxims is thus as part of the explication of a document of contemporary life, and they are more descriptive than prescriptive, and generally true within the temporal framework of reference.

A variety of male-female relationships are described by the maxims of the first part of the novel. Essentially they fall into two categories or two types of *amour*: that of the gallantry of the *homme à la mode,* and of the passionate and violent love shown in three episodes with foreign women. It may be immediately noted that both of these variations on the love relation consider love as a physical entity, totally divorced from any spiritual conception.

The maxims clarify a number of the characteristics, rules, and conventions of gallantry. We are told that the career of an *homme à la mode* begins because the older women seek out the young men to introduce them to the ways of society, and the men are in turn flattered by this attention:

On aime naturellement les jeunes gens, et les femmes aiment à leur procurer l'occasion et la facilité de faire voir leurs sentiments. (Maxim 2, p. 220)
    Un jeune homme est charmé de ce croire quelque chose dans la société. (Maxim 4, p. 224)

The aging Marquise de Valcourt, who gives the Count his first experiences in the social game of love as it is played, teaches him also the great value that is placed on these liaisons:

L'amour n'existe que dans le coeur; il est le seul principe de nos plaisirs, c'est en lui que se trouve la source de nos sentiments et de la délicatesse. (Maxim 3, p. 221)

L'amour is at the base of all pleasure in this system of thought, and it becomes clear that this is not love in any full sense of the word: there is no implication of affection or tenderness, just the satisfaction of physical desire with a suitable partner. This relationship is usually extramarital, a reflection in part of an age of family arranged marriage contracts, and the mate must be acceptable to society:

L'opinion nous détermine presque aussi souvent que l'amour. (Maxim 44, p. 263)
    On partage le ridicule de ce qu'on aime. (Maxim 33, p. 254)
    Il faut non seulement se marier au goût du public, mais encore prendre une maîtresse qui lui convienne. (Maxim 34, p. 254)

In order to build a reputation as an *homme à la mode,* the young man must select easy conquests and continually succeed conspicuously:

Un jeune homme à la mode, car j'en avais déjà la réputation, se croirait déshonoré s'il demeurait quinze jours sans intrigue, et sans voir le public occupé de lui. (Maxim 32, p. 253)
    C'est l'usage parmi les amans de profession, d'éviter de rompre totalement avec celles qu'on cesse d'aimer. On en prend de nouvelles, et on tâche de conserver les anciennes; mais on doit surtout songer à augmenter la liste. (Maxim 35, p. 255)
    Un homme à la mode ne doit jamais entreprendre que des conquêtes sûres. (Maxim 42, p. 261)

The successful young gallant thus must remain detached both emotionally and sentimentally from his partner, and must not feel remorse in the many comings and goings of his career. He acts with vanity and his rule is inconstancy. He uses the gossip of women as excuses to flit about, always attempting to still his conscience:

Le mal que l'on nous dit d'une maîtresse n'est pas si dangereux par les premières impressions, que par les prétextes qu'il fournit dans la suite aux dégoûts et à toutes les injustices des amans. (Maxim 6, p. 224)

Les femmes n'ont point de plus grands ennemis que les femmes. (Maxim 8, p. 224)

These then are the basic characteristics of the *amour* of gallantry, as described by the maxims and the actions of the characters of the first part of the novel. The motivations of the women who form the other half of these partnerships are equally important to comprehend, and serve to complement our understanding of the code gleaned from the above glimpse of the *homme à la mode*. Duclos, in this novel as in the other two, devotes much narration and many maxims to describing the psychological makeup of these women and to situating them socially and economically, both as individuals and as a sex in general. We see types and classes of women who join in this gallantry.

The majority of these *femmes du monde* reside in Paris. They are attractive, aristocratic women of varying ages and intelligence. Many have married according to contracts arranged by their parents, and affection for their spouses is uncommon. In fact, the husbands are hardly ever mentioned in this novel. These women, like the men they seek, are vain creatures, concerned with their reputation, and equally inconstant. Several maxims sketch these common traits (pleasure-seeking, dissipation, vanity, concern for public opinion), and describe the *petite maison* or rendez-vous house rented especially for these secret meetings, and essential to the gallantry:

Les femmes, à Paris, communiquent moins généralement entre elles que les hommes. Elles sont distinguées en différentes classes qui ont peu de commerce les unes avec les autres. Chacune de ces classes a ses détails de galanterie, ses décisions, sa bonne compagnie, ses usages et son ton particulier; mais toutes ont le plaisir pour objet, et c'est là le charme du séjour de Paris (Maxim 21, p. 241)

Paris est le centre de la dissipation, et les gens les plus oisifs par goût et par état y sont peut-être les plus occupés. (Maxim 29, p. 248)

Chez les femmes du monde, plusieurs choses qui paraissent différentes produisent les mêmes effets, et la vanité les gouverne autant que l'amour. (Maxim 5, p. 224)

Une petite maison n'est aujourd'hui, pour bien des gens, qu'un faux air, et un lieu, où, pour paraître chercher le plaisir, ils vont s'ennnuyer secrètement un peu plus qu'ils ne feraient en restant tout uniment chez eux. Il me semble que ceux qui ont imaginé les petites maisons, n'ont guère connu le coeur. Elles sont la perte de la galanterie, le tombeau de l'amour, et peut-être même celui des plaisirs. (Maxim 30, p. 250)

These women fall into three general categories which define their primary type: *coquette, fausse-dévote,* and *bel esprit*. The seven coquettes, the Marquise de Valcourt, Madame de Rumigny, Madame de Sezanne, Madame de Persigny, Madame d'Albi, the Comtesse de Vignolles, and

Madame de Léry, act under the same set of rules as the *hommes à la mode*. Their individual idiosyncrasies are delightfully captured in maxim portraits. Madame de Persigny, for example, is shown to be in constant motion, due to an overwhelming fear of boredom:

Madame de Persigny était ce qu'on appelle dans le Marais une petite maîtresse; elle était née décidée, le cercle de son esprit était étroit: elle était vive, parlait toujours, et ses reparties, plus heureuses que justes, n'étaient souvent que plus brillantes. Élevée en enfant gâté, parce que dès l'enfance elle avait été jolie, les amans achevèrent ce que les parens avaient commencé. Elle se croyait nécessaire partout: il n'y avait rien que l'on pût voir, point d'endroit où l'on pût aller, que l'on n'y trouvât Madame de Persigny.... Il n'y avait rien qu'elle ne préférât à l'ennui d'être chez elle et au chagrin de se coucher.... Quand une partie manquait, il fallait absolument en substituer une autre.... La crainte de l'ennui était un ennui pour elle.... Un souper tête à tête dans une petite maison lui paraissait toujours trop long; il fallait se contenter d'y passer quelques momens.... Elle prenait un amant comme un meuble d'usage, c'est-à-dire de mode: sans les faveurs il se retire. Mais elle était jolie et brillante, il n'en faut pas tant dans le monde pour être recherchée. (Maxim 22, pp. 241-2)

This woman's portrait is indeed a haunting one: the person too busy searching for pleasure or happiness to ever stop and enjoy what she has. We note that Duclos subtly suggests that poor education has some role to play in creating such a person – a recurrent theme in his works. Madame d'Albi is another variation of the coquette, the capricious woman:

Jamais elle ne pensait deux jours de suite d'une façon uniforme; une chose lui déplaisait aujourd'hui par l'unique raison qu'elle lui avait plu le jour précédent. Son esprit, qui changeait à chaque instant d'objet, lui fournissait aussi les raisons les plus spécieuses et les plus persuasives, pour justifier son changement; quand elle parlait elle cessait d'avoir tort.... On aurait imaginé qu'elle ne devait jamais s'écarter de la raison, si l'on avait pu oublier que son sentiment actuel était toujours la contradiction du précédent. (p. 249)

Two other coquettes, the Comtesse de Vignolles and Madame de Léry, are presented one after the other to strengthen the effect of their differences. The Comtesse is a total libertine, and her behavior is in such contrast with that of the other coquettes and with that of the Count, that it serves to define more clearly the gallantry and social code of the aristocracy. After returning from his military campaign, the Count writes letters to ten women whom he doesn't know in the hope of beginning a new liaison. The Comtesse de Vignolles, well-known for "sa coquetterie, ou plutôt son libertinage," (p. 253) is free of an official lover at the moment, and answers, agreeing to meet him at his *petite maison*. She plays the same game of superficial and well-planned attachments as do the coquettes, but without any of the masks that they wear. There is no pretense of affection in her relationships with men:

Elle avait tellement secoué les préjugés de bienséance, qu'elle ne me donna pas la peine de jouer l'homme amoureux. Nous soupâmes avec plus de gaieté, que si nous eussions eu un véritable amour l'un pour l'autre. Son coeur n'avait aucune part à la démarche qu'elle faisait; ainsi son esprit et sa gaieté parurent en pleine liberté. (p. 253)

Society considers her dangerous and their weapon against her is gossip and ridicule. The Count is mortified that the women all avoid her:

Celles mêmes qui avaient un amant déclaré, croyaient satisfaire le public en la méprisant, au point de refuser jusqu'aux parties de spectacles qu'elle leur proposait. (p. 254)

We have already seen in maxims thirty-three and thirty-four that the gallant who chooses a woman in disfavor with the group is subject to the same ridicule as she, and it is this which convinces the Count to sacrifice his pleasure "à l'opinion et aux caprices du public." (p. 255) But in many ways he has considered the Comtesse a perfect partner:

Il m'en coûta, je l'avoue; je trouvais à la fois dans madame de Vignolles, la commodité et les agrémens que l'on rencontre avec une fille de l'Opéra, et le ton et l'esprit d'une femme du monde. Vive, libertine, emportée, sérieuse, raisonnable, avec beaucoup d'esprit et d'agrémens, elle réunissait toutes les qualités qui peuvent séduire et amuser. (pp. 254-5)

She represents a danger to the system because she totally refuses its pretenses. In this sense she is the archetype of the rebel whom society cannot tolerate. But Duclos makes clear in the following episode and its maxims, that in many ways she is less dangerous than the so readily accepted coquette. He chooses "une coquette sage," Madame de Léry, because she is regarded by society as an outstanding one. She is the sort who is always courted by a great number of suitors, each of whom criticizes the others who are absent:

Il est rare que les absens trouvent des défenseurs, et l'on n'applaudit que trop lâchement aux propos étourdis d'une jolie femme. J'ai toujours été assez réservé sur cette matière; mais l'homme le plus en garde n'est jamais parfaitement innocent à cet égard. (Maxim 36, p. 256)

These criticisms result in a duel between the Count and a certain Comte de Longchamp who has been insulted. Longchamp is killed, needlessly since Madame de Léry has falsified the conversation to encourage an argument, and the Count muses pointedly:

La coquette la plus sage est quelquefois plus dangereuse dans la société que la femme la plus perdue. (Maxim 37, p. 256)

This idea of the danger of the socially accepted coquette versus the relative innocuousness of the criticized and indeed feared libertine, is presented just this once. But it is a very daring concept; one certainly worthy of our attention.

A second type of aristocratic woman who carries on gallant affairs is the *fausse-dévote*. Madame de Gremonville is Duclos' example of this sort of person. Her mien is in total contrast with her actions, and she is perhaps the most hypocritical of all the women described. She demands respect from those around her – including all from her valet to her husband – and she has special privileges which make her activities all the easier. A series of maxims clearly delineates these aspects of her behavior:

Je remarquai d'abord que madame de Gremonville, outre la considération qu'elle avait dans le public, avait pris un empire absolu sur l'esprit de son mari. La dévotion est un moyen sûr pour y parvenir. Les vraies dévotes sont assurément très respectables et dignes des plus grands éloges; la douceur de leurs moeurs annonce la pureté de leur âme et le calme de leur conscience; elles ont pour elles-mêmes autant de sévérité que si elles ne pardonnaient rien aux autres, et elles ont autant d'indulgence que si elles avaient toutes les faiblesses. Mais les femmes qui usurpent ce titre, sont extrêmement impérieuses. Le mari d'une fausse dévote est obligé à une sorte de respect pour elle, dont il ne peut s'écarter, quelque mécontentement qu'il éprouve, s'il ne veut avoir affaire à tout le parti. (Maxim 23, p. 244)

Les visites des prisonniers, celles des hôpitaux, un sermon ou quelque service dans une église éloignée, donnent cent prétextes à une dévote pour se faire ignorer, et pour calmer les discours, quand par hasard elle est reconnue. Dès que le rouge est quitté, et que par un extérieur d'éclat une femme est déclarée dévote, elle peut se dispenser de se servir de son carrosse; il lui est libre de ne se point faire suivre par ses gens, sous prétexte de cacher ses bonnes oeuvres; ainsi, maîtresse absolue de ses actions, elle traverse tout Paris, va à la campagne seule, ou tête-à-tête avec un directeur. C'est ainsi que la réputation étant une fois établie, la vertu, ou ce qui lui ressemble, devient la sauvegarde du plaisir. (Maxim 24, p. 244)

Les valets d'une dévote ne sont point dans sa confidence; ils sont modestes et sages, et n'ont aucune des insolences que leur donne ordinairement le secret de leur maîtresse. (Maxim 25, p. 246)

Pretense is the key word in these portraits of the *fausse-dévote,* and pretense reigns in her relationship with the Count. He meets her (disguised as a priest), and even their romantic conversations are given religious overtones:

Une dévote emploie pour son amant tous les termes tendres et onctueux du dictionnaire de la dévotion la plus affectueuse et la plus vive. (Maxim 26, p. 246)

But with all the pretense, her activities are the same as those of the admitted coquette, and she is merely a variation of one.

The third type of woman, the *bel esprit,* is seen in the person of

Madame de Tonins. She is held in high opinion by society, and her salon is considered the best in Paris. The Count briefly traces the history of this search for *le bel esprit*, or its appearance, among the nobles:

Autrefois les gens de condition n'osaient aspirer au bel esprit, ils sentaient qu'ils ne prenaient pas assez de soin de cultiver leur esprit pour la mértier; mais ils avaient une considération particulière et une espèce de respect pour les gens de lettres. Les gens de condition se sont avisés depuis de vouloir courir la carrière du bel esprit; et, ce qu'il y a de plus bizarre, c'est qu'en même temps ils y ont attaché un ridicule. (Maxim 46, p. 264)

Madame de Tonins' explanation of her position is much more personally centered. She explains to the Count that she aims for both pleasure and esteem, and wants them now while she is young and attractive, and later on when age has altered her appearance. She sees her "career" as the one way open to women with these desires:

Par le genre de vie que j'ai embrassé, je me suis fait d'avance une retraite honorable, lorsqu'il ne me sera plus permis de prétendre ni à la jeunesse, ni à la beauté. Une femme n'a point alors d'autre parti à prendre que le bel esprit ou la dévotion: le dernier parti est trop contraire à mon goût, et je ne le soutiendrais pas; au lieu qu'en embrassant celui du bel esprit, je puis jouir dès aujourd'hui de la considération, sans être obligée de renoncer aux plaisirs dans lesquels je veux apporter toute la décence possible. (Maxim 45, p. 264)

The Count is at first quite impressed with this salon group. He finds much intelligence and true wit in their conversations. But he soon realizes that much of the seeming brilliance rests on meaningless epigrams and *bons mots* which are conceived for effect rather than sense. He also realizes that one must agree all the time with Madame de Tonins, or be censured and banished from the group. No cardplaying is allowed, since this is haughtily considered by them to be a boring pastime needed only by the ignorant and the idle. The Count caustically remarks that the attempt at constant wit becomes equally boring in these circles. (Maxim 43, p. 262)

The group imagines itself to be both literary critics and authors of merit. The Count is induced to write a play, as Duclos had done, which he decides is terrible, even though the group applauds it loudly. He generalizes from this experience that nobles are for the most part unsuited to this profession: [3]

Je vis clairement que les gens du monde, faute d'étude et de talent exercé, sont rarement capables de former un tout tel que le théâtre l'exige. Ils composent com-

---

[3] It should be noted that some quotations in this chapter do not exactly duplicate the maxims found in the appendix. The additions are to clarify the context, and the deletions to present only the pertinent sections.

me ils jouent, mal en général, et passablement dans quelques endroits. Ils ont quelques parties au-dessus des comédiens de profession; mais le total du jeu et de la pièce est toujours mauvais: l'intelligence générale de toute l'action et le concert ne s'y trouvent jamais. (Maxim 47, pp. 265-6)

As his ardor for Madame de Tonins cools and he views her group with more objectivity, the attacks on them and on salons grow in intensity. Their insularity is seen as breeding mediocrity of judgment and their effect on artists and society as a whole is definitely negative:

Je m'aperçus que chaque société, et surtout celles de bel esprit, croient composer le public, et que j'avais pris pour une approbation générale le sentiment de quelques personnages que les airs imposans et la confiance de madame de Tonins avaient prévenues et séduites. Le public, loin d'y applaudir, s'en moquait hautement. Le droit usurpé de juger sans appel les hommes et les ouvrages, notre mépris affecté pour ceux qui réduisaient notre société à sa juste valeur, étaient autant d'objets qui excitaient la plaisanterie et la satire publiques. Maxim 48, p. 266)

On a dit que le dictionnaire de l'opéra ne renfermait pas plus de six cents mots; celui des gens du monde est encore plus borné. Tous ces bureaux de bel esprit ne servent qu'à dégoûter le génie, rétrécir l'esprit, encourager les médiocres, donner de l'orgueil aux sots, et révolter le public. (Maxim 49, p. 266)

Je rentrai dans le monde, bien convaincu que toute société tyrannique et entêtée de l'esprit, doit être odieuse au public, et souvent à charge à elle-même. (Maxim 50, p. 266)

Placed somewhere beneath the aristocracy but somewhere above the ordinary bourgeois is that group of people referred to as the *noblesse de robe*. Those of the legal profession who belong to this group are extremely self-contained, partly because of excessive self-esteem and partly because of their precarious social position in the time described by Duclos. The Count's relationship with a certain Madame de ***, wife of a "conseiller au parlement," allows the narrator to describe in great detail the characteristics of this set, basically in one long portrait with a series of maxims:

La hauteur de la robe est fondée, comme la religion, sur les anciens usages, la tradition et les livres écrits. La robe a une vanité qui la sépare du reste du monde; tout ce qui l'environne la blesse. Elle a toujours été inférieure à la haute noblesse; c'est de là que plusieurs sots et gens obscurs, qui n'auraient pas pu être admis dans la magistrature, prennent droit d'oser la mépriser aussitôt qu'ils portent une épée: c'est le tic commun du militaire de la plus basse naissance. Cela n'empêche pas qu'il n'y ait dans la robe plusieurs familles qui feraient honneur à quantité de ceux qui se donnent pour gens de condition. Il est vrai qu'on y distingue deux classes: l'ancienne qui a des illustrations, et qui tient aux premières maisons du royaume, et celle de nouvelle date, qui a le plus de morgue et d'arrogance. La robe se regarde avec raison au-dessus de la finance qui l'emporte par l'opulence et le brillant, et qui devient à son tour la source de la seconde classe de robe. Le peuple a pour les magistrats une sorte de respect dont le principe n'est pas bien éclairci dans sa tête; il les regarde comme ses protecteurs, quoiqu'ils ne soient que ses juges. La plupart des gens de robe sont réduits à vivre entre eux, et leur commerce entretient leur orgueil. Ils ne cessent de déclamer contre les gens de la cour, qu'ils affectent de mépriser, quoiqu'ils vous étourdissent sans cesse du nom de ceux à qui ils ont l'honneur d'appartenir. Il ne meurt pas un homme titré, que la moitié de la robe n'en porte le deuil: c'est un devoir qu'elle remplit au centième degré; mais il est rare qu'un magistrat porte celui de son cousin l'avocat. Les sollicitations ne les flattent pas tous également; les sots y sont extrêmement sensibles; les meilleurs juges et les plus sensés s'en trouvent importunés, et, pour l'ordinaire, elles sont assez inutiles. En général, la robe s'estime trop, et l'on ne l'estime pas assez. Les femmes de robe qui ne vivent qu'avec celles de leur état, n'ont aucun usage du monde, ou le peu qu'elles en ont est faux. Le cérémonial fait leur unique occupation; la haine et l'envie, leur seule dissipation. (Maxim 28, pp. 247-8)

The Count's relationship with this woman is described in several short sentences, and the primary interest rests with the view of her class. He leaves her quickly because he finds the company she keeps too serious and dull and pedantic.

The third group, or class, examined in the wanderings of the Count in the first part of the novel is the bourgeoisie. The four women who represent this class, Madame Ponchard, Madame de Grancourt, Madame l'Intendante, and Madame Pichon, are shown in their own colorful milieu, and in their attempts to copy the ways of coquettish noblewomen.

Madame Ponchard, a *financière,* is sought out by the Count as a "contre-poison au bel esprit" (p. 267) after his experiences with salon life. She is of low birth and newly rich, and tries to mimic the great ladies in every way possible. The Count suggests she succeeds in attaining their follies with none of their graces to excuse her. This relationship, like that with Madame de ***, serves mainly to paint a detailed portrait of this social group. It is remarkable that the description of the men of finance parallels at certain points that of those of the *noblesse de robe.* The older ones are separated from the newer, and their differing characteristics delineated:

La finance n'est point du tout aujourd'hui ce qu'elle était autrefois. Il y a eu un temps où un homme, de quelque espèce qu'il fût, se jetait dans les affaires avec une ferme résolution d'y faire fortune, sans avoir d'autres dispositions qu'un fonds de cupidité et d'avarice; nulle délicatesse sur la bassesse des premiers emplois; le coeur dégagé de tous scrupules sur les moyens, et inaccessible aux remords après le succès: avec ces qualités, on ne manquait pas de réussir. Le nouveau riche, en conservant ses premières moeurs, y ajoutait un orgueil féroce dont ses trésors étaient la mesure; il était humble ou insolent suivant ses pertes ou ses gains, et son mérite était à ses propres yeux, comme l'argent dont il était idolâtre, sujet à l'augmentation et au décri.

Les financiers de ce temps-là étaient peu communicatifs; la défiance leur rendait tous les hommes suspects, et la haine publique mettait encore une barrière entre eux et la société.

Ceux d'aujourd'hui sont très-différens. La plupart, qui sont entrés dans la finance avec une fortune faite ou avancée, ont eu une éducation soignée, qui, en France, se proportionne plus aux moyens de se la procurer qu'à la naissance. Il n'est donc pas étonnant qu'il se trouve parmi eux des gens fort aimables. Il y en a plusieurs qui aiment et cultivent les lettres, qui sont recherchés par la meilleure compagnie, et qui ne reçoivent chez eux que celle qu'ils choisissent.

Le préjugé n'est plus le même à l'égard des financiers: on en fait encore des plaisanteries d'habitude, mais ce ne sont plus de ces traits qui partaient autrefois de l'indignation que les traités et les affaires odieuses répandaient sur toute la finance. (Maxim 51, pp. 266-7)

La finance est absolument nécessaire dans un État, et c'est une profession dont la dignité ou la bassesse dépend uniquement de la façon dont elle est exercée. (Maxim 52, p. 267)

The Count describes picturesquely the furnishings in this house. They are tasteful, since money can always find advisers in the field of opulent decoration, but their tastefulness serves only to accentuate the "crasse primitive du maître de la maison, qu'on ne peut pas façonner comme un meuble." (p. 268) Madame Ponchard considers the Count and all her men like pieces of furniture – to be in evidence with flourish to gratify her vanity. (Maxim 55, p. 269) The Count soon tires of this relationship, and leaves his *financière*, having portrayed for the reader the essential characteristics of her class.

Two other women of the bourgeoisie are encountered during the military campaign of the Count. And while portraying Madame de Grancourt and Madame l'Intendante, the Count also gives many details of the military life as seen by a nobleman, especially his feelings of deprivation in being away from the court and from Parisian social life:

La vie que l'on mène dans la garnison n'est agréable que pour les subalternes qui n'en connaissent point d'autre; mais elle est très-ennuyeuse pour ceux qui vivent ordinairement à Paris et à la cour; le ton de la conversation est un mélange de la fadeur provinciale et de la licence des plaisanteries militaires. Ces deux choses dénuées par elles-mêmes d'agrémens, ne peuvent pas produire un tout qui soit amusant. Heureusement, ma maxime a toujours été de me faire à la nécessité, de ne rien trouver mauvais, et de préférer à tout la société présente. (Maxim 12, pp. 232-3)

The description of the garrison town is an amusing one, and is meant to typify gallantry in action. The first twenty-four hours are spent in a mutual sizing up by the women of the town and the newly arrived men of the regiment. Then begins a period of conversation where the women praise the men of the departed regiments, (Maxim 13, p. 233) and only then do the new liaisons commence. The Count is soon forced by Madame de Grancourt to attempt a night meeting with her by climbing a ladder to her window. He is caught by an officer of the regiment

(Maxim 14, p. 234), and because his behavior as Colonel of the regiment is highly conspicuous, this tale is spread quickly throughout the town. The episode is a clear example of the meaningless formalities, trivialities, and capriciousness that comprise the relationship of gallantry. The Count then turns to the Intendante – the wife of the chief officer of that section of army. He is highly critical of her and her husband, and claims that "l'insipide fatuité" that characterizes people of their group is intolerable. His portrait of them again stresses the pretensions of rank:

Monsieur l'intendant était un petit homme plein de prétensions, d'une mine basse, d'un air fait, d'un esprit faux, d'un babil éternel, et d'un maintien impertinent. Ce couple poussait la morgue et la vanité au dernier excès. (p. 234)

Their affectations are to make the Count forget that "étant souveraine en province, elle n'était qu'une bourgeoise à Paris." (p. 235) Indeed he meets her later in Paris and again capsulizes the view of the social power of Paris society:

Je remarquai combien la vanité d'un intendant a quelquefois à souffrir dans une ville qui sert si parfaitement à corriger les fatuités subalternes. (Maxim 15, p. 235)

Madame Pichon, "une riche marchande de la rue Saint Honoré, . . . une bonne grosse maman," (p. 251) presents an entirely different milieu to the Count. Her group is lacking in the riches and outward splendor of many of the other women he has encountered, but surprisingly he finds many of the practices and affectations similar. He again, as with the *noblesse de robe* and with finance, shows how the clever manage to advance, and then how their vanity leads to the mimicry of the wrong aspects of higher society:

Je fus bientôt convaincu que le monde ne diffère que par l'extérieur, et que tout se ressemble au fond. Les tracasseries, les ruptures et les manéges sont les mêmes. J'ai remarqué aussi que les marchands, qui s'enrichissent par le commerce, se perdent par la vanité. Les fortunes que certaines familles ont faites, les portent à ne point élever leurs enfans pour le commerce. De bons citoyens et d'excellens bourgeois, ils deviennent de plats anoblis. Ils aiment à citer les gens de condition, et font sur leur compte des histoires qui n'ont pas le sens commun. Leurs femmes, qui n'ont pas moins d'envie de paraître instruites, estropient les noms, confondent les histoires, et portent des jugemens véritablement comiques pour un homme instruit. Ces mêmes femmes, croyant imiter celles du monde, et pour n'avoir pas l'air emprunté, disent les mots les plus libres, quand elles sont dans la liberté d'un souper de douze ou quinze personnes. D'ailleurs elles sont solides dans leurs dépenses, elles boivent et mangent par état; l'occupation de la semaine leur impose la nécessité de rire et d'avoir les jours de fêtes une joie bruyante, éveillée et entretenue par les plus grosses plaisanteries. . . . J'ai mis à profit pour le monde la société de Madame Pichon; je l'ai toujours comparée à une excellente parodie qui jette un ridicule sur une pièce qui a séduit par un faux brillant. (Maxim 31, pp. 251-2)

The time that Duclos is describing is one of great change, and one of a growing social mobility. The bourgeois is becoming richer, and through carefully chosen alliances is infiltrating the upper strata of society. But the warning in this maxim of the Count is clear: one must choose what to emulate among the nobles. The airs of Madame Pichon parody and ridicule those of the coquettish society ladies whose appearance and manners are effective but often contain no worthy substance. These comments about Madame Pichon by the narrator aptly capture the essential characteristics of the gallantry that is at the base of the aristocratic code of courtship, and which is evidently imitated by those at each level of society, as these maxims of the first part of the novel have demonstrated.

A very different type of male-female relationship is explored in a series of three encounters with women of other countries in this same first part of the novel. These liaisons with Dona Antonia in Spain, Signora Marcella in Italy, and Milady B in England, which appear in sharp contrast to the other fourteen liaisons of this part, suggest that French gallantry need not be the sole basis of these relationships. The *amour* of these three meetings is not one based on coquettish testings and idle caprice. It is instead comprised basically of violent and passionate emotions of each woman for the Count. The commitment of the emotions on the woman's part in a total involvement of self leads to great grief and despair at the end of each relationship, since the Count's inconstantcy is not tempered at this point. Seemingly suggested is that this is a decided danger of the passionate love of these non-French women, when their love-object is a French *homme à la mode*.

The entire experience of the Count with Dona Antonia is colored by tones of religion. Her duena Clara arranges their first rendez-vous in Toledo in a church where Antonia is heavily veiled. She insists that he be converted to her religion before he even holds her hand, since their priests have taught that the French are infidels, and "une différence de religion chez les peuples qui ont peu d'étude, ne rapproche pas les esprits." (Maxim 9, p. 226) He assures her of his religion and she lets her passion convince her, stating "Que la voix d'un homme qu'on aime persuade aisément." (Maxim 10, p. 227) She showers him with great passion and with jeweled presents which he cannot refuse since "la plus grande offense que l'on puisse faire à un Espagnol, c'est de refuser ce qu'il offre." (Maxim 11, p. 228) When her husband, the Marquis de Palamos, comes upon the two of them in his castle, a batle ensues and he is killed. The Count escapes with Antonia, but they are forced to separate. He rejoins his regiment and is shocked to rediscover her in a convent. She has vowed to remain there for the rest of her life, constant in her passion for the Count, and remorseful about her husband's death. This constancy is seen by the Count as the basic ingredient in the love of the Spanish, but we may add to that a foundation of passion, and the involvement of self in the liaison. This is lacking in the French flirtations, but then most of them have happier endings in that few are killed, and none retire to convents to repent!

The second foreign experience of the Count is with Signora Marcella in Italy. He is in Venice on vacation from his regiment in 1715, and continually muses about the differences between the Italians and the French:

Il n'y a point de pays où la galanterie soit plus commune qu'en France; mais les emportemens de l'amour ne se trouvent qu'avec les Italiennes. L'amour, qui fait l'amusement des Françaises, est la plus importante affaire et l'unique occupation d'une Italienne. (Maxim 16, pp. 235-6)

Rather than describing their romance, the Count presents a letter that Marcella wrote to her friend Maria, which Maria then supposedly sent on to the Count. His stated reasons for the telling of the tale in such a manner are quite interesting: "On y verra des circonstances que j'ommetrais comme frivoles, et qui sont trop importantes pour qu'une Italienne les oublie." (p. 236) This is noteworthy in the sense that the entire novel is presented with comparable optics: the Count is writing a long set of memoirs to a supposed friend, which also includes details only he could set down with justification. This letter given in a letter is an effective narrative technique, and one which succeeds in portraying the other side of the situation – that of the woman. We might also note that the situation of the letter writing is reversed in the sense that Marcella is writing to a friend who lives happily with her lover in the countryside, whereas the Count writes to a friend in Paris urging him to abandon it for the peace of a happy relationship in the countryside that he is experiencing.

Local color abounds in this description as in that of the Spanish affair. They meet at a party and she is masked. Her gondolier inquires about him and reports his credentials. He in turn has asked about her and although "l'amour donne et détruit les idées dans le même instant" (Maxim 17, p. 236), she finally decides that "cette curiosité n'est jamais la suite de l'indifférence," (Maxim 18, p. 237) and they meet and unmask in a restaurant. She next reports that he writes her a passionate letter – we note the letter in the letter in the letter – and she meets him at his residence. She describes her emotions and hesitations in a way the Count could not have realistically done: "J'avais cette irrésolution qui vient plus des doutes de l'amour, que des combats de la vertu; j'aprouvais ce doux frisonnement que donnent les approches du plaisir." (p. 238) She confesses that for the five years of marriage preceding this encounter she had thought herself happy, mistaking tranquillity for love and happiness. But now, she philosophizes, "tout m'était nouveau, et cette nouveauté est l'âme de l'amour." (Maxim 19, p. 238) She feels that her great joy is visible to all her friends since, "le bonheur de l'amour répand l'éclat et la sérénité sur tous les traits." (Maxim 20, p. 238) When the Count must precipitously return to France upon the death of Louis XIV, Marcella is filled with great despair.

It is noteworthy that the Count's reaction to her unhappiness is exactly the same as to all the flirtatious women of France. He views her with affection, but the sort of affection reserved for a favorite possession which is no longer needed or wanted. As he explains it:

Comme j'étais moins retenu à Venise par l'amour que par des plaisirs qui se trouvent partout, j'eus moins de peine à m'en arracher. J'essayai inutilement de consoler Marcella; enfin, après lui avoir promis de revenir, et après toutes les protestations que les amans font en pareil cas, souvent de la meilleure foi du monde, et qu'ils ne tiennent jamais, je partis. . . . Bientôt l'absence l'effaça de mon esprit. (p. 239)

The lesson for the passionate woman inherent in this episode is that of avoiding the *gallant homme,* for he will not return her kind of love.

The third foreign adventure takes place in England with Milady B, and the above lesson is again most devastatingly driven home. English society is described as being quite different, especially pertaining to the place of women in it, from that of France. As the Count suggests, a tone of cold and imposing seriousness pervades all activities there including love:

Les plaisirs des Anglais en général, sont tournés du côté d'une débauche qui a peu d'agrément, et leur plaisanterie ne nous paraîtrait pas légère. Les femmes ne sont pas, comme en France, le principal objet de l'attention des hommes, et l'âme de la société. (Maxim 38, p. 257)

He is first attracted to Milady B because of her "fierté jointe à un grand air de dédain," (p. 257) and it takes more than three months to break down this coldness. Once her passion is let loose though, it has no bounds. They meet over a period of months in total privacy, and she soon realizes that he will someday return to his wanderings and be unfaithful to her. Her jealous passion finds this idea intolerable, and she suggests that they leave the pernicious societies of England and France and travel on her money somewhere else in the world where they can live an isolated and happy life. He consults the priest Dubois, a good friend, and is told that severe political repercussions could result between England and France if he went off with her. "Les ménaces de la politique sont assez communément sérieuses" (Maxim 39, p. 260) he feels, and he uses this as his excuse to return to France, never seeing Milady again. It is shortly after his return that he learns of her suicide. Again two value systems and two codes of love and courtship have met unsuccessfully. The Count quickly recovers from momentary guilt and in musing about his experience says only:

> On contracte en Angleterre un air sérieux que l'on porte jusque dans les plaisirs; le mal m'avait un peu gagné; l'air et le commerce de France sont d'excellens remèdes contre cete maladie. (Maxim 40, p. 261)

The first part of this novel has thus portrayed two basic types of relationships between men and women and variations of these relationships: French gallantry and foreign passionate love. In the second part a third type of love will be explored and a criticism especially of the gallantry will result.

The second part of the novel immediately strikes a different tone – one of self-criticism and self-assessment. The opening lines, "Malgré l'extrême dissipation qui m'emportait, je ne laissais pas de me faire des amis, . . ." (p. 269) suggest the older and wiser Count is criticizing the foibles of his younger self. Also, this new value of friendship is introduced, one which will appear in the three lessons which the Count receives, and one which was totally absent in the preceding part of the novel. He establishes a hierarchy of values, placing friendship above the amorous adventures of the *homme à la mode: amitié* above both *amour-passion* and *amour gallant et physique*:

> Le goût pour des maîtresses doit être subordonné aux devoirs de l'amitié, on y doit être plus fidèle qu'en amour; et, lorsque j'ai voulu juger du caractère d'un homme que je n'ai pas eu le temps d'étudier, je me suis toujours informé s'il avait conservé ses anciens amis. Il est rare que cette règle-là nous trompe. (Maxim 56, p. 269)

This friendship which he admires is put to the test in a painful series of experiences with Senecé. The latter is a kind but rather facile young nobleman, whose quiet nature makes him easy prey for a dominating woman. He admits that he has fallen in love with "la plus aimable et . . . la plus respectable des femmes." But the Count reserves his opinion, knowing that "les éloges des amans m'ont toujours été fort suspects." (Maxim 57, p. 270) Indeed Madame Dornal, the lady in question, turns out to be a forty year old plain bourgeoise, "un composé de fausseté, d'envie et d'impertinence, et dont l'âme aurait enlaidi la beauté même." (p. 271) The Count vows to help his friend, especially when Madame

Dornal has begun to urge him to argue and break with his friends and family. The Count muses:

On n'est pas toujours obligé d'avoir ses parens pour amis; mais il est décent de vivre avec eux comme s'ils l'étaient, et de cacher au public toutes les dissensions domestiques (Maxim 58, p. 271)

This woman is separating Senecé from his previously accepted code of behavior, and the Count's rebuttal is interesting in that it describes his own value system and social role, and poses the ideal relationship between man and woman:

Vous savez que ma morale est celle d'un honnête homme et d'un homme du monde qui n'est jamais sévère sur l'amour. Puis-je trouver mauvais que vous soyez amoureux? Ce serait reprocher à quelqu'un d'être malade. Quoique votre attachement paraisse ridicule, on ne doit pas vous plaindre et non pas vous blâmer. N'est-on pas trop heureux, dites-vous, de trouver un ami dans sa maîtresse? Qui, sans doute, et c'est le comble du bonheur de goûter avec la même personne les plaisirs de l'amour et les douceurs de l'amitié, d'y trouver à la fois une amante tendre et une amie sûre; je ne désirerais pas d'autre félicité: malheureusement pour vous, c'est un état où vous ne pouvez pas prétendre avec la Dornal. Vous en êtes amoureux, faites-en votre maîtresse: l'amour est un mouvement aveugle qui ne suppose pas toujours du mérite dans son objet. On n'est heureux que par l'opinion, et l'on ne dispose pas librement de son coeur; mais on est comptable de l'amitié. L'amour se fait sentir, l'amitié se mérite: elle est le fruit de l'estime. . . . On est bien à plaindre, ajoutai-je, d'aimer l'objet du mépris universel; mais quand on ne saurait se guérir d'un attachement honteux, il faut du moins s'en cacher. (Maxims 59, 60, 61, pp. 271-2)

The Count has explained that he is judging Senecé not on the fact that he has taken a mistress, which he accepts as perfectly natural, but because he considers this unworthy woman to be a loved friend. Friendship, it would appear, is to be shared by two people worthy of mutual esteem, and it is unconscionable that Senecé would consider adding this dimension to a love affair with such a person. It is this which leaves him open to the blame of his peers. The blind *amour physique* of the gallant liaison is acceptable, but the more involved love, or friendship, is not to be tolerated by others in these circumstances, and especially if such a relationship is not even kept secret. Senecé admits that he is aware of the scorn she merits. He is unhappy yet totally subjugated to her both because he fears her, and because he still loves her. He is persuaded that she loves him, and weakly proposes that "on doit pardonner bien des choses à l'amour." (Maxim 62, p. 273) The Count decides to show Senecé that even he who has indicated how much he detests her, will be able to seduce her just because he is someone new. He then begins this calculated seduction, albeit with altruistic aims. It does not take him very long to win her over, since "les préliminaires d'une intrigue ne languissent pas avec une femme consommée." (Maxim 63, p. 275) Senecé, as planned, finds them meeting at night, and the Count believes he has succeeded in proving his point. He later learns though that Senecé has continued courting Madame Dornal, and after the death of her husband, has married her! He concludes in maxim form that,

il est impossible de ramener un homme subjugué, et que la femme la plus méprisable est celle dont l'empire est le plus sûr. Si le charme de la vie est de la passer avec une femme qui justifie votre goût par ses sentimens, c'est le comble du malheur d'être dans un esclavage honteux, asservi aux caprices de ces femmes qui désunissent les amis, et portent le trouble dans les familles. Les exemples n'en sont que trop communs dans Paris. (Maxim 64, p. 277)

This adventure has given the Count an example of the sorry situation of a man controlled by an unworthy woman. This is a reversal of the more usual society pattern of the men directing the liaisons with series of women. It also poses the idea of the necessity of careful choice in any lasting relationship if one is not to suffer the scorn of his entire social group. It is a first example of the Count enlarging his goals to the helping of another person. The description of this episode is much more detailed and lengthy than in any event of the first part of the novel.

Fresh from this experience, the Count takes up with three women at the same time, a *caillette*, a card player, and a *bonne femme*, but these brief entanglements are like an interlude between the Senecé-Dornal episode and the major one that follows. They are no longer the heart of the narrative as in the first part. The first of the three women is left because she bores him, the second because she prefers her playing to him, and the third because a letter urges him to return her to society and those awaiting their turn with her. He has cause to muse how the homme à la mode is sought out:

On n'est point impunément un homme à la mode. Il suffit d'être entré dans le monde sur ce ton-là, pour continuer d'y être, lors même qu'on ne le mérite plus. Aussitôt qu'un homme parvient à ce précieux titre, il est couru de toutes les femmes, qui sont plus jalouses d'être connues qu'estimées. Ce n'est sûrement pas l'estime, ce n'est pas même l'amour qui les détermine; c'est par air qu'elles courent après un homme qu'elles méprisent souvent, quoiqu'elles le préfèrent à un amant qui n'a d'autres torts que d'être un honnête homme ignoré. (Maxim 69, p. 279).

It is at this point that he begins to feel a bit ridiculous in the midst of being sought out by coquettes, and that he begins to feel the scorn of more sensible, though pleasure-loving people, and to be embarrassed by his reputation of *homme à la mode*. He begins also to consider the idea of "une vie plus tranquille." (p. 280) It is with this preparation that the Count receives his second lesson.

An old and plainly impoverished woman, on whose face is painted "tout ce que le malheur, la honte, la misère et la vertu humiliée peuvent inspirer," (p. 281) appears one day to ask his aid. She tells a story of her husband dying and the impossibility of supporting her sixteen year old daughter Julie, and begs for his attention so that the daughter will not die – no matter what he may ask of them in return. She has come to him because he is well known for paying well for his pleasures. He is very moved by her story and gives her money, musing "combien notre vertu dépend de notre situation." (Maxim 71, p. 281) When the mother brings Julie the next day, ready for whatever the Count may wish, and expecting physical submission to be his demand, they are overcome with sadness and fear. He comprehends the cause of this and assures them he intends to extract nothing in return for his monetary gift. He reflects:

Quelque belle qu'elle fût, quelque goût que j'eusse pour les femmes, son honneur était en sûreté avec moi. J'avais cherché toute ma vie à séduire celles qui couraient au-devant de leur défaite; mais j'aurais regardé comme un viol d'abuser de la situation d'une infortunée, qui était née pour la vertu, et que son malheur seul livrait au crime. (p. 284)

He learns of Julie's fiancé who has been supporting the two women with a salary insufficient for himself, and the Count envies the happiness of this poor boy:

L'amour était né de l'inclination, fortifié par l'habitude, peut-être même par le malheur, qui unit de plus en plus ceux qui n'ont d'autre ressource que leur coeur. (Maxim 73, p. 284)
   Il n'y a que l'amour qui puisse trouver du superflu dans un nécessaire aussi borné. (Maxim 75, pp. 284-5)

The Count is determined to settle the future of these three people, and offers them a position on his lands in Brittany, where they will be able to do him service and live well. He sees the great dissipation of his Paris life as preventing him from adequately tending to these matters himself. We note that he is viewing his life with increasing critical objectivity. He arranges Julie's marriage, and is greatly affected by it:

Rien ne m'a donné une plus vive image du bonheur parfait que l'union et les transports de ces jeunes amans. ... Je n'ai jamais senti dans ma vie de plaisir plus pur que celui d'avoir fait leur bonheur. L'auteur d'un bienfait est celui qui en recueille le fruit le plus doux. (Maxim 76, p. 285)

We may note that their happy retirement to the country to live in loving tranquillity presages the eventual actions of the Count. His experience with them, the second lesson of this part of the novel, is for the most part responsible for a great change which he claims to feel in himself. For the first time he begins to sense the existence of un vide dans mon âme que tous mes faux plaisirs ne pouvaient remplir; leur tumulte m'étourdissait au lieu de me satisfaire, et je sentis que je ne pouvais être heureux, si mon coeur n'était véritablement rempli. L'idée de ce bonheur me rendit tous mes autres plaisirs odieux. (p. 286)

He goes to the contryside to visit a good friend and to get away from his Paris life. It is here that he meets the Comtesse de Selve, a pretty, intelligent, and respectable twenty-three year old widow. Always before he had considered her too serious for him, but now that he has undergone two lessons, she appeals to him in a new way. "Sa figure inspirait l'amour, son caractère était fait pour l'amitié, son estime supposait la vertu. Enfin la plus belle âme unie au plus beau corps." (p. 287) He devotedly courts her for several months with no seeming result. When she questions why he would want to spend so much time with her and therefore away from his more frivolous pastimes, he explains:

La dissipation est moins la marque du plaisir que l'inquétude d'un homme qui le cherche sans le trouver. (Maxim 80, p. 288)

But Madame de Selve is wary of any attachment to an *homme à la mode*, and expresses clearly why such a man makes a poor partner for a woman such as she:

L'honnête homme dont vous parlez, et tel qu'on l'entend, est encore bien éloigné d'un amant parfait; et celui dont la probité est la plus reconnue, n'est peut-être jamais ni sans reproche, ni sans tache aux yeux d'une femme, je ne dis pas éclairée, mais sensible. Elle est souvent réduite à gémir en secret; son amant est irrépréhensible dans le public, elle n'en est que plus malheureuse. (Maxim 81, p. 289)

She therefore offers her friendship to the Count, but nothing more. He continues during four additional months to try to seduce her, using as technique the constant talking about his love for her, and the greatest possible physical contact.

Une femme qui parle souvent des dangers de l'amour, s'aguerrit sur les risques, et se familiarise avec la passion; c'est toujours parler de l'amour, et l'on n'en parle guère inpunément. (Maxim 83, p. 290)
   Les caresses de l'amitié peuvent échauffer le coeur, et faire naître l'amour. (Maxim 84, p. 290)
   L'amour qui ne révolte pas d'abord, devient bientôt contagieux. (Maxim 85, p. 290)

His techniques are effective and he succeeds in getting Madame to admit her love for him, and then immediately offers to marry her. But she chooses to wait until she can legally dispose of her own hand in marriage, and in the meantime proposes to test the nature of his love. He continues his pressure on her to submit physically to him, but she still resists. He looks back on this period as one of great happiness, stating that desire as well as satisfaction can yield happiness:

Les amans seraient trop heureux que leurs désirs fussent entretenus par des obstacles continuels; il n'est pas moins essentiel, pour le bonheur, de conserver des désirs que de les satisfaire. (Maxim 86, p. 293)

Rumors of impending war are heard and the Count must rejoin his regiment. The great distress of Madame de Selve leads to his offer to abandon his army duties for her, to her gratitude and refusal of this sacrifice, and finally to her physical submission to him. The expected war never materializes and he is soon able to rejoin her. Then ensues one year of great happiness and total constancy. In reflecting about this perfect time, the older Count utters a prayer-like wish for humanity:

Pourquoi faut-il qu'un état aussi délicieux puisse finir? Ce n'est point une jeunesse inaltérable que je désirerais; elle est souvent elle-même l'occasion de l'inconstance. Je n'aspire point à changer la condition humaine; mais nos coeurs devraient être plus parfaits, la jouissance des âmes devrait être éternelle, (p. 296)

Soon, unfortunately, this total happiness and satisfaction begin to dissipate, and the Count justifies his need for other activities to keep the freshness of love alive:

La constance n'est pas loin de s'altérer quand on le veut réduire en principes. (Maxim 87, p. 296)

He begins to see Madame de Selve less and less and she reproaches him only once. He is egotistical enough to consider himself innocent but he still blushes. The older Count proposes a sort of subconscious intelligence that feels remorse:

Il faut qu'il y ait en nous-mêmes un sentiment plus pénétrant que l'esprit même, et qui nous absout ou nous condamne avec l'équité la plus éclairée. Il y a, si j'ose dire, une sagacité du coeur qui est la mesure de notre sensibilité. (Maxim 88, p. 296)

On ne les sent point (les remords) sans les mériter; quand on s'examine bien scrupuleusement, on en trouve les motifs. (Maxim 89, p. 297)

Madame de Selve, with rare wisdom and self-control, sees the slow cooling of the attentions of the Count and manages to say nothing. Being with her becomes a duty for the Count, and we are initiated into a psychology of the dying emotions of love as he considers this:

Le temps qu'on ne donne qu'au devoir paraît toujours fort long. (Maxim 92, p. 297)

Les amans qui ont usé le premier feu de la passion, sont charmés qu'on coupe la longueur du tête-à tête. (Maxim 93, p. 298)

Into this situation of increasing wanderlust is added a certain Madame de Dorsigny. She is presented in a maxim portrait as the type who sets out to steal a man from another woman:

Il y a des femmes qui, en faisant des agaceries, n'ont d'autre objet que d'engager un amant; quelquefois c'est une simple habitude de coquetterie. Il y en a d'autres qui seraient insensibles au plaisir de s'attacher à un homme, si elles ne l'arrachaient à une maîtresse. (Maxim 94, p. 298)

As she wins him away from Madame de Selve, the Count ignores the latter's pain and concentrates on himself and what a difficult situation he has gotten into:

L'état le plus incommode pour un honnête homme, est de ne pouvoir pas accorder son coeur avec sa conduite. (Maxim 96, p. 299)

He does feel some remorse and constantly worries that she will discover this new liaison and that he is enamored of Madame de Dorsigny, since "le plaisir imite un peu l'amour." (Maxim 97, p. 299)

The situation climaxes in a scene which could be taken from many existing farces of the French repertoire. A country cousin organizes a dinner party for the Count, and invites guests from his circle, including both of the women. When he sees them, he prepares to suffer many agonies. Madame de Dorsigny is foolishly and openly possessive, Madame de Selve appears to ignore these innuendos, and the Count chooses to believe that Madame de Selve is not very perceptive. He can no longer believe this though when she comes upon him and Madame de Dorsigny in the bushes at this cousin's country estate. She nevertheless continues to be kind to Madame de Dorsigny, who is convinced that no woman could be that noble and has decided that Madame de Selve really hadn't seen them. But the Count has been given his third lesson, that of the virtue of Madame de Selve, and this awareness rekindles his passion for her to some extent. He fears that she will refuse to ever see him again after all the suffering he has caused her. He begins to admire fully the moral strength behind her avoidance of chastisement, and to sense what he will lose:

Je n'avais plus, à la vérité, pour Madame de Selve cette vivacité, cette fougue de passion qui m'avait d'abord rendu tout autre objet importun; mais je ne l'en aimais pas moins. Mon amour devenu plus tranquille, s'était uni à l'amitié la plus tendre. (p. 304)

He goes to see her in Paris and to beg forgiveness, and their scene together is a most dramatic one, and central to the novel's development. Madame de Selve is in control here. She explains her conduct and moralizes about their relationship and his infidelities in a series of maxims. She is pleased that he is beginning to realize his faults, but states that there is much he has not yet become aware of. She claims to have yielded to him not because of his persuasive talks replete with maxims, but because of her desire to make him happy. She has been aware of his hesitation to renew his marriage proposal now that she is of age to consent, and wouldn't have wanted him to marry her under this condition. He quickly offers to marry and be faithful, but she refuses, stating:

Vous m'avez été infidèle, vous le seriez encore: il est possible de ne jamais l'être; mais il est sans exemple qu'on ne le soit qu'une fois. (Maxim 102, p. 305)

She explains that she has been well aware of his *refroidissement* but has not reproached him since "les plaintes et les reproches ne ramènent personne." (Maxim 103, p. 365) She thinks men tend by their nature to infidelity and that society encourages it:

Je vois que la constance n'est pas au pouvoir des hommes, et leur éducation leur rend l'infidélité nécessaire. Leur attachement dépend de la vivacité de leurs désirs: quand la jouissance, quand la confiance d'une femme, qui n'est crédule que parce qu'elle aime, les a éteints, ce n'est pas l'estime, ce n'est pas même l'amour qui les rallume, c'est la nouveauté d'un autre objet. D'ailleurs le préjugé encourage les hommes à l'infidélité, leur honneur n'en est point offensé, leur vanité en est flattée, et l'usage les autorise. (Maxim 104, p. 305)

She feels that she has kept his esteem and his love which she defines as "toute la tendresse dont votre coeur est encore capable." (p. 305) But she wants in her husband both a lover and a friend and finds him lacking:

Votre coeur est bon et fidèle; mais votre esprit est léger, et la dissipation fait le fond de votre caractère. (p. 306)

She advises him to continue his way of life and keep her as a good friend. Her wisdom and strength of purpose again rekindle his passion for her and he spends the next two months attempting to break down her resolve. She shows no sign of reestablishing their physical relationship or of desiring to marry him and so he begins anew to follow "ses anciennes habitudes" (p. 306) Madame de Selve talks freely with him about his mistresses, and he becomes progressively more enamored of her and tired of his fleeting relationships. He complains of the small amount of time that Madame de Selve spends with him and accuses her of having another lover – a ludicrous accusation which she takes lightly but which inspires much philosophizing in maxims about the unfair double standard of the Count:

Si je suivais votre exemple, vous ne pourriez pas raisonnablement me blâmer. La nature n'a pas donné d'autres droits aux hommes qu'aux femmes; cependant vous auriez la double injustice de condamner en moi ce que vous vous pardonnez.

Ce qui droit principalement vous rendre la tranquillité à cet égard, c'est que les femmes, avec plus de tendresse dans le coeur que les hommes, ont les désirs moins vifs. Les reproches injurieux qu'on leur fait, injustes en eux-mêmes, doivent plutôt leur origine à des hommes sans probité et maltraités des femmes, qu'à des amans favorisés. Pour moi, je vous avoue que je suis fort peu sensible au plaisir des sens; je ne les aurais jamais connus sans l'amour. J'ajouterai que les sens n'exigent que ce qu'on a coutume de leur donner, et que les hommes mêmes sont souvent plus occupés à les irriter qu'à les satisfaire. Ainsi soyez sûr de ma fidélité, quoique vous ne soyez pas en droit de l'exiger. Vous êtes moins heureux que moi, et j'ai plus de plaisir à vous aimer que vous n'en trouvez dans votre inconstance. (Maxim 107, p. 307)

The Count increasingly respects and admires her and is ashamed of his activities, but it is these activities themselves, rather than any reasoning or guilt about them that finally effects a change in him:

Ce n'était pas la raison qui devait me ramener et me guérir de mes erreurs; il m'était réservé de me dégoûter des femmes par les femmes mêmes. Bientôt je ne trouvai plus rien de piquant dans leur commerce. Leurs figures, leurs grâces, leurs caractères, leurs défauts même, rien n'était nouveau pour moi. Je ne pouvais pas faire une maîtresse qui ne ressemblait à quelqu'une de celles que j'avais eues. Tout le sexe n'était plus pour moi qu'une seule femme pour qui mon goût était usé, et, ce qu'il y a de singulier, c'est que madame de Selve reprenait à mes yeux de nouveaux charmes. Sa figure effaçait tout ce que j'avais vu, et je ne concevais pas que j'eusse pu lui préférer personne. (pp. 307-8)

As he tires conclusively of this life, his emotions for Madame de Selve seem to deepen and he becomes ever more aware of their nature. He continues to define these feelings, both for general clarification and for a final convincing of his young friend to whom the memoirs have been written:

Ce n'était plus l'ivresse impétueuse des sens: un sentiment plus tendre, plus tranquille et plus voluptueux remplissait mon âme; il y faisait régner un calme qui ajoutait encore à mon bonheur en me laissant la liberté de le sentir. (p. 308)

He finally proposes to her again and she accepts, her comments putting into focus the interesting metamorphosis of the Count and the nature of their relationship:

Pour prendre un mari, j'ai été obligée d'attendre qu'il n'eût plus d'amour. C'est cependant ce qui me rend sûre de votre coeur. Ce n'est point mon amant que j'épouse; c'est un ami avec qui je m'unis, et dont la tendresse et l'estime me sont plus précieuses que les emportemens d'un amour aveugle. (p. 308)

We again note his description of their love-friendship to his young friend, written one year after they have retired from Parisian society:

Nous vivons, nous sentons, nous pensons ensemble. Nous jouissons de cette union des coeurs, qui est le fruit et le principe de la vertu. Ce qui m'attache le plus à ma femme, c'est que je lui dois cette vertu précieuse, et sans doute elle me chérit comme son ouvrage. Je vis content, puisque je suis persuadé que l'état dont je jouis est le plus heureux où un honnête homme puisse aspirer. (p. 309)

He concludes the memoirs with one last maxim about the education which would be necessary to change to any extent the activities of men and women, if not their nature:

Les deux sexes ont en commun les vertus et les vices. La vertu a quelque chose de plus aimable dans les femmes, et leurs fautes sont plus dignes de grâce par la mauvaise éducation qu'elles reçoivent. Dans l'enfance on leur parle de leurs devoirs, sans leur en faire connaître les vrais principes; les amans leur tiennent bientôt un langage opposé. Comment peuvent-elles se garantir de la séduction? L'éducation générale est encore bien imparfaite, pour ne pas dire barbare; mais celle des femmes est la plus négligée; cependant il n'y a qu'une morale pour les deux sexes. (Maxim 109, p. 309)

Two pertinent questions which arise in concluding our discussion of the maxims of this novel are: (1) What is the central thesis of the novel? and (2) What is the role of the maxims in the development of this thesis? Perhaps a direct means of ascertaining the novel's major thesis is to examine what exactly the world-weary and wise Count rejects and accepts in society and why. The superficial liaisons, well-calculated by the *homme à la mode* and well-received by the coquette whatever her class, are found after much repetition to lose their pleasure. These relationships are criticized only in part because of any pernicious effect on society. Basically they are rejected because they do not yield true emotional satisfaction. What is proposed instead is a rarefied love, one whose success depends on the definite decision to renounce the inconstancy and change of gallantry and one which seems to depend in part on the age of a man and the wisdom of a special woman. The love that is at the basis of this certainly does have passion and physical desire as an essential element at one beginning stage, but the mutual esteem of the partners broadens it to encompass a friendship with components of *estime, tendresse, tranquillité*, and *compassion*, in the words of the two characters. There is both sensuality and feeling, both heart and mind in it. As has been noted, the end is neither ideal nor heroic but a modest and human solution. This seems to be the best love relation possible according to Duclos, one which is indeed virtuous and combines friendship with love.

The maxims of this novel are utilized as tools to study these questions. They clarify the conventions of the society under examination, and separate the motivations and emotional dynamics of both the man and the woman in each type of relationship. They also present in detail a

study of each socio-economic group under discussion. Their characteristics of generality and universality are especially suitable in achieving
the distance between the older and the younger Count, and in setting a
proper tone for the letter between social equals of similar experience.

The novel has explored the psychology of love and friendship, and
generally analyzed and appraised a series of types of men and women
and the social codes which they follow. The older Count is a social
observer who is scrutinizing human behavior to ascertain its profound
significance. Above all he has questioned the relation between the comportment of men and the attainment of happiness. The happiness sought
is one for men not supermen, and in this way is typical of at least one
major trend of the eighteenth century – one which favored an ethic of
man following his nature rather than attempting heroism. There is also
implied a judgment of men and their relations which is profoundly discouraging. The Count and Madame de Selve are the exceptions. Most
lives are horrible. And even they achieve their limited success only after
much disillusionment and suffering. The maxims of this novel have been
the major vehicle of expression of this analysis.

CHAPTER V

THE MAXIMS IN *MÉMOIRES SUR LES MOEURS DE CE SIÈCLE*

Duclos' third and last novel, *Mémoires sur les moeurs de ce siècle,* was first published in 1751 as a companion piece to the *Considérations,* and the ten years separating it from the other two novels is apparent. Most critics speak of it as a second version of the *Confessions du Comte de* ***, and indeed many similarities of narration and plot are in evidence. But an attempt will be made to show the clear differences in what is described and in the nature of the maxims in this work. We will find that the maxims clarify and amplify the tenets of Duclos as a descriptive moralist, and establish certain prescriptions for the betterment of humanity as he views it. A short sketch of the characters and plot and general format of the novel will serve as a base of discussion.

This novel is divided by the author into two parts. The first part is forty-two pages long in the Villenave edition, and contains ninety-eight maxims and adventures with five women. We notice immediately that the number of encounters is greatly reduced in comparison with the *Confessions.* The pseudo-publisher is presenting "des mémoires qui me sont tombés entre les mains" (p. 312) in order to explain one essential aspect of the mores of his nation, since "l'amour, la galanterie, et même le libertinage, ont de tout temps fait un article si considérable dans la vie de la plupart des hommes." (Maxim 1, p. 312) The anonymous narrator announces he will relate the story of his life. The narration is thus in the first person, and the distance between the teller and the tale is marked in part by the philosophic utterances of the maxims. The narrator introduces himself as a well-born and wealthy, though poorly educated, person. The gallantry which flourished in the early part of the century and which was the subject of many of the maxims of the *Confessions,* has been replaced in the amorous code by fatuity, and the narrator will describe how he was fitted into this mold. We do not, as in the *Confessions,* know his present fate at the beginning of the novel, but he clearly establishes a tone of critical inquiry by immediately stating that he would have been wiser and had more pleasure with fewer "sottises," without these amorous adventures of his youth. The narrator states he will present only a few of the many women he met:

(1) MADAME DE CANAPLES – At the time they meet she is twenty-three years old and he is eighteen. Interestingly enough, she is the first woman to whom he is attracted and yet she is not at all the type of aging and cynical woman who usually introduces the young hero of a novel to love as it is played by society. Their growing and somewhat naive love climaxes in two scenes of avowal, and then in her sending him off to his regiment. He only draws a lesson of self-esteem from this, and happily participates in the general dissipation of military life. He is quite brash upon seeing her again, but she is completely in control of herself and of the situation.

(2) MADAME DE RETEL – This Marquise is a true libertine, one who is feared by the other *femmes du monde* because she lacks their *fausseté* – as did Madame de Vignolles in the *Confessions*. Her ideas are presented in great length, with many maxims. She systematically attempts to mold his thinking to her own "athéisme en amour." She has formed her philosophy from experience and teaches that the young man should develop his mind, forbid passion from entering his relationships, and taste all the pleasures that the current mores allow. Perhaps they will change, but for the present she demands equal freedom for men and women. Her teachings have their effect: "J'étais sensible par caractère, je devins fat par principe," (p. 333) the narrator claims.

(3) MADAME DE CLERVAL – She is picked by the narrator to serve his aim of making brilliant conquests to distinguish himself in society's eye. She is a cautious woman who is constantly apprehensive about her reputation which she considers very important. She believes in the narrator's probity and agrees to their relationship. Unfortunately, the narrator hints about it, and finally duels Derville, another suitor, and she must break with him to save her reputation. He becomes all the more popular, and is sought out "quoiqu'il fût déjà gothique de se battre pour une femme." (p. 338)

(4) MADAME DE SAINT-FAL – She is a devious representative of the type of *intrigante*.

(5) MADAME DE SAINTRÉ – This Marquise is the leader of a fine salon group. After three happy months together, the narrator capriciously tries to separate her from her friend, the Chevalier de Nisarre, an exemplary type of *honnête homme*. She teaches him the difference between *amour* and *amitié* before breaking with him. He is somewhat humiliated.

The second part of the novel is thirty-three pages long and contains thirty-nine maxims and four adventures:

(6) COMTESSE DE VERGI – The narrator picks her to quickly overcome his disgrace at having been dropped by Madame de Saintré. She is of high birth, continually invited everywhere, and one of those women whose presence one mentions to prove the glamour of an event. Her husband, the Comte de Vergi, teaches the narrator about the role of the husbands of the *femmes du monde*. He looks to the future when the prejudice of society will turn to the acceptance

of love between man and wife. The narrator is again humiliated, both by these lessons and by the flouting of the *bienséances* by Madame de Vergi.

(7) MADAME DE REMICOURT – The narrator has much taste for this bourgeoise, but they have a very stormy relationship. She is impulsive, demanding, and tends to the dramatic, doing everything in excess. She worships the narrator with fanatic devotion. A conclusive breakup occurs, and she turns to devotion, since her own class of women reject her because of her contacts with nobility and the nobles scorn her as beneath them.

(1 continued) MADAME DE CANAPLES – The narrator is wounded in a duel with an officer he has insulted while trying to reform his regiment. M. de Canaples takes him to their home to recuperate. A second avowal of love to Madame de Canaples is rejected. He is no longer naive, she makes clear, and he insults her by thinking she might accept him. In the army again, he writes M. de Canaples' letters to his wife for him. Both he and Canaples are wounded, the latter fatally, and Madame de Canaples comes to care for them. The great fortune her husband leaves makes her a highly sought after woman. She is now thirty-two years old – nine years have gone by during the novel. The narrator's proposal is rejected by her, for she fears that society would mock the disproportion of their ages. She also fears that dissipation has become a necessary part of his life now, and proposes to test him over a period of time before reaching any final decision.

(8) MILLE DE FOIX – She is a young relative of M. de Canaples whom Madame de Canaples has taken from a convent with highly suggested matchmaking purposes. She lives with them, and eventually the narrator does begin to fall in love with her and she with him. Madame de Canaples frees the narrator definitively from his proposal, and insists on providing the dowry to establish their marriage. In contributing to their happiness she will be able to feel pleasure rather than humiliation in the presence of it. They see her with veneration now, and in a sense she appears superhuman. The two marry, and live happily together, regarding Madame de Canaples as "bienfaitrice, mère, amie, guide, et modèle de vertu." (p. 388) The last words of the novel claim that their happiness lies in the union of pleasure and duty.

Again in this novel, as in the *Confessions,* the maxims of Duclos have the effect of establishing concepts of the *homme à la mode,* of the various male-female relationships he can enter, of the differences between *amour, passion* and *amitié,* and of the society in general. What is different in this novel is that these major concepts are delivered to some extent by several characters rather than the narrator alone. Statistically, ninety-two of the maxims are spoken by the narrator, twenty-one by Madame de Retel, nine by Madame de Saintré, seven by Madame de Canaples, six by M. de Vergi, one by the "publisher," and one by Mlle. de Foix. Most notably lacking are the maxim-portraits which abounded in the *Confessions,* and which described the different classes and types of women encountered by the Count. Some are in evidence here, but the number and importance of these is greatly reduced. Basically, the narrator is given a series of lessons during the course of the novel, and he then reflects about his experiences. The four major lessons are delivered, replete with maxims, by Madame de Retel, Madame de Saintré, M. de Vergi, and Madame de Canaples. Our study of the maxims of this work will be organized around these lessons, and the narrator's self-examination which they influence.

The Marquise de Retel is the libertine of the novel. She is a pretty and bright young woman who totally scorns the *bienséances* of her class. She is quite candid about her vices. After placing the young narrator under her tutelage, she proposes to teach him about the world of love. Hers is a definite perspective, one which necessarily colors the twenty-one maxims of her lessons, and one which has a decided effect upon her pupil. One quarter of the first part of the novel is comprised of her speeches to him, and these are continuous maxims which include almost total pages. They are mainly in the form of *pensées,* with each one including several maxims. We will trace the topics of her lecture on love in order to seize these ideas which are basic to the sense of the novel.

She begins by attempting to separate the notion of passion from that of love. "La colère, l'envie, l'orgueil, l'avarice, l'ambition se manifestent dès l'enfance." (Maxim 28, p. 326) These passions develop far before any idea of love, which is defined as "une portion du goût général que les hommes ont pour les plaisirs." (Maxim 29, p. 326) Love takes control because there are no meaningful passions fighting it during adolescence, and always is liable to be overcome by them should they emerge:

L'âge où l'amour triomphe est celui où les autres passions manquent d'occasions de s'exercer, dans l'âge où l'on est insensible à l'avarice, parce qu'on n'a rien; à l'ambition parce qu'on n'est de rien. Les passions ne se développent que par l'aliment qui leur est propre. Mais, si elles sont une fois en mouvement, elles l'emportent bientôt sur l'amour. Cete passion se détruit par son usage, les autres se fortifient; elle est bornée à un temps, les autres s'étendent sur tout le cours de la vie. L'amour enfin est un de nos besoins aussi vif et moins fréquent que les autres, rarement une passion, souvent la moins forte et le plus court des plaisirs. (Maxim 29, p. 326)

The second distinction which Madame de Retel proposes is between the powerful sensations of *amour* and the true sentiment of it, which she deems quite rare. Love has its fanatics who are quite ready to give up their lives for a cause – but they too are rare:

Si la sensation de l'amour est très-vive, le sentiment en est très-rare. On le suppose où il n'est pas, on croit même de bonne foi l'éprouver, on se détrompe par l'expérience. Combien a-t-on vu de gens épris de la plus violente passion, qui se croyaient prêts à sacrifier leur vie pour une femme, qui peut-être l'auraient fait, comme on exécute dans l'ivresse ce qu'on ne voudrait pas avouer dans un autre état; combien en a-t-on vu, dis-je, sacrifier cette même femme à l'ambition, à l'avarice, à la vanité, au bon air? Les autres passions vivent de leur propre substance; l'amour a besoin d'un peu de contradiction, qui lui associe l'amour-propre pour le soutenir. (Maxim 30, pp. 326-7)

Love then is susceptible to the stronger motivating forces of avarice, ambition, and vanity – at least the love that is envisioned by the Marquise, the detached and calculated *amour* of the *homme à la mode*.

The third area of her discussion entails the differences between the natures and educations of men and women. A woman is by nature more "sensible, sincère, et courageuse" (Maxim 31, p. 328) in love than a man. But this is due to women's education which unfortunately has this effect "d'amollir leur coeur, et de laisser leur tête vide, ce qui produit tous leurs égaremens." (Maxim 31, p. 327) Men try to inspire in women only sentiments of *amour*, and thereby limit their experience. Most women fall into a disastrous pattern:

Ainsi la plupart des femmes du monde passent leur vie à être successivement flattées, gâtées, séduites, abandonnées, et livrées enfin à elles-mêmes. (Maxim 32, p. 327)

This course is determined, then, by the education of women, their treatment by men, and a third essential factor – that of their idleness. Those who do not work have time to contemplate ways of avoiding boredom and seeking pleasure and happiness, and these the Marquise suggests are the ones who become entangled in amorous liaisons:

L'amour est, dit-on, l'affarie de ceux qui n'en ont point; le désoeuvrement est donc la source des égaremens où l'amour jette les femmes. Cette passion se fait peu remarquer dans les femmes du peuple, aussi occupées que les hommes par des travaux pénibles, quoiqu'il y en ait beaucoup de plongées dans le vice, non par égarement de coeur, rarement par le goût du plaisir, et presque toujours par la misère; mais je ne parle ici que des gens du monde, ou de ceux que l'opulence et l'oisiveté mettent à portée d'en prendre les moeurs. (Maxim 33, p. 327)

For men the picture is very different. Their education is far from ideal, but it does have the advantage of stimulating ideas as a diversion from sentiments. Then their duties in the military or in managing their estates or businesses occupy them and often place love as a subordinated passion among others. Love, or *amour galant et physique*, is again seen as limited to a certain period of life:

Ce qu'ils appellent amour est l'usage de certains plaisirs qu'ils cherchent par intervalle, qu'il saisissent d'abord avec ardeur, qu'ils varient par dégoût et par inconstance, et auxquels on est enfin obligé de renoncer, quand ils cessent de convenir, ou qu'on n'y convient plus. (Maxim 34, p. 328)

A fourth topic she treats includes those attributes necessary to maintain a relationship between a man and a woman over a period of time. One example given is the stormy, passionate relationship of two lovers which then evolves into a lasting friendship. This friendship is all the richer for its past turbulence, for "en jouissant d'un bonheur, c'est le doubler que de le reconnaître." (Maxim 35, p. 328) (This suggested friendship-love relation is reminiscent of the one which ends the *Confessions*.) But the two must be worthy of friendship, she insists, and a degree of wisdom and virtue is necessary. Her advice indeed to those lovers who declare themselves as such publicly is, "Faites provision de vertus pour remplacer l'amour." (Maxim 38, p. 329) In her view it is inevitable that the passions cool down, the illusions break, and the partners begin to view their time together as tedious, unless qualities of character are there to maintain mutual respect and admiration. (Maxim 37, p. 329) A most interesting maxim-laden portrait is given which depicts those *vieilles liaisons* which society considers so perfect but which in actuality are maintained only out of pride and habit:

A l'égard de ces vieilles liaisons que le public a la bonté de respecter, faute d'en connaître l'intérieur, qu'y verrait-on si on les examinait? Des gens qui continuent de vivre ensemble, parce qu'ils y ont long-temps vécu; la force de l'habitude, l'incapacité de vivre seuls, la difficulté de former de nouvelles liaisons, l'embarras de se trouver étrangers dans la société, en retiennent beaucoup, et donnent à l'ennui même un air de constance. Ils ont cessé de se plaire, et se sont devenus nécessaires. Ils ne peuvent se quitter; quelquefois ils ne l'oseraient: on soutient ce rôle pénible par pur respect humain. On s'est pris avec l'engouement de l'amour, on a annoncé hautement son bonheur, on a contracté un engagement devant le public, on l'a ratifié dans les occasions d'éclat: le charme se dissipe avec le temps, l'illusion cesse; on s'était regardés réciproquement comme parfaits, on ne se trouve pas même estimables; on se repent, on n'ose l'avouer; on s'opiniâtre à vivre ensemble en se détestant, et le respect humain empêche autant de ruptures que la loi empêche de divorces. Si le divorce était permis, tel le réclamerait contre un mariage, qui, dans pareille circonstance, ne romprait pas avec une maîtresse, c'est-à-dire une vieille habitude: on ne rougit point de s'affranchir d'un esclavage reconnu; mais on a honte de se démentir sur un engagement dont on a fait gloire. Les vieilles liaisons exigent, pour être heureuse, plus de qualités estimables qu'on ne l'imagine. (Maxim 36, pp. 328-9)

A fifth area she investigates is the psychology of jealousy and of infidelity. One is jealous, she claims, because of one's mores and character. Socially, "la jalousie n'est plus qu'un ridicule bourgeois," (Maxim 44, p. 331) and one which the nobleman should attempt to avoid. And he does indeed avoid this, for few are jealous of their mistresses' husbands. It is only a true rival who is viewed with jealousy, (Maxim 45, p. 331) and this is because one's *amour-propre* is involved. Rather than being jealous because of great love, one is almost always "jaloux d'orgueil."

(Maxim 46, p. 332) One way of keeping clear of this passion is to place into perspective the concept of infidelity. In a relationship of *amitié* it is indeed a crime, but when it enters a partnership of *amour goût* then any accusation of infidelity is based on an unjustifiable pretension, since one has no unique right to the partner of these temporary liaisons. The Marquise advises the narrator:

Jouissons toujours d'un bien, comme s'il ne devait jamais finir; et sachons le perdre, comme n'y ayant aucun droit. (Maxim 47, p. 332)

The sixth and most intriguing lesson of the Marquise de Retel is one of definition: the distinction among *amitié, amour*, and *passion*. She differentiates among these terms in the following manner:

Aimer, c'est de l'amitié; désirer la jouissance d'un objet, c'est de l'amour; désirer cet objet exclusivement à tout autre, c'est passion. Le premier sentiment est toujours un bien; le second n'est qu'un appétit du plaisir; et le troisième, étant le plus vif, augmente le plaisir et prépare les peines. Il y a un rapport entre l'amitié et l'amour qui est passion, c'est de se porter vers un objet déterminé, quoique ce soit par des motifs différens. Il y a même des amitiés qui deviennent de véritables passions, et ce ne sont ni les plus sûres, ni les plus heureuses. L'amour, au contraire, tel qu'il est communément, se porte vaguement vers plusieurs objets, et peut toujours en remplacer un par un autre. Vous direz qu'un tel amour n'est pas fort délicat; non; mais il est heureux, et le bonheur fait la gloire de l'amour. (Maxim 41, p. 330)

The relationship of the *homme à la mode* and the *femme à la mode* is thus based on the physical enjoyment of an object – *amour*. In its violent form it becomes *passion*, and leads to great suffering. And in an ideal but rare form it becomes *amitié*. The Marquise leads her free and coldly objective career of libertine with this knowledge as a basis, and she teaches the narrator that he should follow a similar path. The effect of these ideas upon him is very strong. As he expresses it, "J'étais sensible par caractère, je devins fat par principes." (p. 333)

The second series of lessons received by the young narrator comes from the Marquise de Saintré. It is she who leads an admirable salon group, and who indignantly refuses to give up a good friend, the Chevalier de Nisarre, for the narrator's caprices. This leads to another long discussion about the differences between *amitié* and *amour*, their relative importance to her, and how they are viewed by society. This nameless group appears almost omniscient. Their powers of knowing, through the mechanisms of gossip and inference, are almost limitless and are to be feared by the woman who would guard her reputation:

Avec quelque prudence qu'une intrigue soit conduite, on peut empêcher qu'on ne la sache; mais on n'empêche pas qu'on ne la croie. (Maxim 98, p. 354)

Indiscretion and imprudence, which often are the result of passions out of control, are to be avoided (Maxim 97, p. 354), for a worthy woman must care for her reputation:

> Quand une femme est digne de l'amitié, elle ne doit pas se perdre par l'amour. (Maxim 93, p. 352)

The characteristics of *amitié* and *amour* are explored in their motivation and in their manner of acting:

> L'amitié est un sentiment éclairé qui peut commencer par l'inclination mais qui doit être confirmé par l'estime, et qui, par conséquent, suppose un choix libre, du moins jusqu'à un certain point. L'amour est un transport aveugle, une espèce de maladie qui prend aux femmes. La préférence que l'amour nous fait donner à un homme sur les autres, est une grâce forcée; l'estime une justice. L'amitié participe de l'une et de l'autre. L'ami a des droits que le temps et la réflexion ne peuvent que confirmer; l'amant n'a que des privilèges qu'un caprice lui donne, qu'un autre caprice lui fait perdre, et que la raison peut toujours lui ôter. Une femme serait trop heureuse de trouver les qualités de l'un et les charmes de l'autre réunis dans la même personne. (Maxim 88, p. 350)

The Marquise de Saintré clearly perceives and expresses in these maxims the fine distinctions between the two states. At the base of friendship is a free choice of partner, a selection by esteem and thus the sharing of an enlightened sentiment between two people of high quality. Love, on the other hand, is often the result of a decision blinded by emotion, and emotion can be influenced by the charm and appearance of the man rather than his worth. The wise woman clearly must choose the continuing friendship of a respected man over the tempestuous and short-lived relationship of *amour* with the *homme à la mode*. This relationship of friendship has pleasures that are quite special to it. They are based on a continuing tender sentiment which,

> sans être précisément de l'amour, et encore moins de la passion, échauffe le coeur, inspire les attentions, anime les devoirs de l'amitié, et la rend le charme de la vie. (Maxim 90, p. 351)

The narrator begins to sense some of the scorn which falls upon the *homme à la mode*, and to desire to moderate his humiliated fatuity.

Whereas Madame de Retel in her maxims had explored the meanings of *amour*, *amitié*, and *passion*, especially from the woman's point of view, and Madame de Saintré has deepened the sense of the value of *amitié* to a wise woman, the Comte de Vergi explores in his maxims the other side of these questions – namely, the role of the husband. The narrator is greatly embarassed to discover that Vergi is aware of his liaison with Madame de Vergi, and expects anger and hurt pride to be his reaction. Quite to the contrary, he asks matter-of-factly, "N'êtes-vous pas l'amant de ma femme? et, dans ce cas-là, qui diable voulez-vous qui soit blessé de sa conduite? sera-ce moi?" (p. 357) He adds that he is by no means unique among husbands of the *femmes du monde,* most of whom realize that their wives have series of lovers, and who do not in the least feel hurt or angry about this:

Les lois sont faites pour régler nos actions; mais les préjugés décident de nos sentimens: ces préjugés naissent des usages, et ceux de la cour diffèrent totale-ment de ceux de la ville. Par exemple, un simple particulier est-il trahi par sa femme, le voilà déshonoré, c'est-à-dire ridicule; car en France c'est presque la même chose. Pourquoi? C'est que, s'étant marié à son goût, il est au moins taxé d'avoir fait un mauvais choix. Il n'en est pas ainsi des gens d'une certaine façon, dont les mariages sont des espèces de traités faits sur les convenances de la nais-sance et de la fortune. Voilà pourquoi nous ne connaissons point parmi nous cette qualification burlesque qu'on donne dans la bourgeoisie, à un mari trompé par sa femme. En effet, à qui peut-on appliquer ce titre qu'à un homme qui, étant amoureux de sa femme et s'en croyant aimé, en est trahi? Nous ne sommes point dans ce cas-là "nous autres"; ou, s'il s'en trouve quelqu'un, c'est une exception rare. Remarquez même qu'il n'y a que la première infidélité d'une femme qui donne un pareil ridicule à son mari; pour peu que les amans se multiplient, ou que la chose fasse éclat, il est bientôt détrompé, prend son parti, et rentre dans nos priviléges. (Maxim 105, p. 358)

The essence of this thought seems to be that if one chooses a wife by his own taste and she submits to other men, he is then disgraced and his love becomes a subject of ridicule. If on the other hand, as is most com-mon with the upper classes, the marriage is arranged pragmatically, then there is no dishonor in the wife's infidelity. This must be then the situation of the vast majority of the husbands of the *femmes du monde* pictured in the novels of Duclos. In fact, if divorce were permitted in France, Vergi wagers that few would avail themselves of it, since "la manière dont on y vit est une espèce de divorce continuel." (Maxim 106, p. 359)

But the views of the Comte de Vergi are not at all as cynical as they may appear at first. He does see his own age as one of great corruption, but he also holds out for a revolution in mores in the future:

C'est en vain que la vertu s'est élevée contre les désordres de l'amour; l'attrait du plaisir a dû l'emporter. C'est à l'excès de la dépravation, au dégoût du dé-sordre, à l'avilissement des moeurs, c'est au vice enfin qu'il appartient de dé-truire les plaisirs et de décrier l'amour. On réclamera la vertu jusqu'à un certain point pour l'intérêt du plaisir. Croyez qu'il arrivera du changement, et peut-être en bien. Il n'y a rien, par exemple, qui soit aujourd'hui si décrié que l'amour conjugal: ce préjugé est trop violent, il ne peut pas durer. (Maxim 109, pp. 360-1)

He feels that even though it is in great vogue to hold one's mate in disdain, there is no reason that in the future the trend may not shift completely. Vergi creates a brief myth about a well thought of man, "d'un rang distingué, cité pour l'agrément, l'esprit, et les grâces, avec une pointe de fatuité." (p. 361) This man one day finds himself inalterably in love with his wife. Despite his efforts, others soon realize this and copy his folly simply so that he will no longer be unique in it. It then becomes accepted to love one's wife, and this is his hopeful prediction for the years ahead.

A fourth person who instructs the narrator is Madame de Canaples. It is not only the words of advice and the maxims that she utters which serve as her lesson but mainly in fact the example of her actions. She is the first woman the narrator is attracted to, and she also is attracted to him. They are both young and at first unaware of their growing passion, until it announces itself during a warm encounter. She meets this realization with the firm resolve to send the young narrator away, and refuses even to discuss her principles, knowing that the emotions can warp our ideas dangerously,

On n'examine guère le principe de ses devoirs que par le désir de s'en affranchir, ou pour se justifier de les avoir déjà violés. Il y a d'ailleurs des règles de conduite qu'on taxe en vain de préjugés; je vois qu'on ne s'en écarte point sans honte, et cela me suffit: je n'ai donc pas besoin d'examiner s'ils sont raisonnables, pour savoir que je dois les respecter. (Maxim 16, p. 320)

She takes as her example the fate of fallen women, one which she is determined to avoid:

J'ai fortifié mes réflexions par l'exemple des femmes qui se sont perdues: c'est par degrés qu'elles ont passé de la vertu au déréglement. Je vois que l'innocence a des scrupules, les premières fautes donnent des remords, les dernières les font perdre, et l'on ne saurait trop tôt s'effrayer. (Maxim 17, p. 320)

At her insistence he leaves, and begins his career as an *homme à la mode,* coming back to her many times, ever more brash and uncomprehending of her virtue. It is only nine years later, when he is wounded in battle and M. de Canaples has died, that he can return to her home and care, and begin to appreciate what she has been attempting to teach him. She still refuses to marry him, stating mainly that she is older than he by five years and would be criticized by society, and that perhaps his years of dissipation have made adventures an integral and neccessary part of his being – which would leave her an unloved wife:

Qui dit aujourd'hui une femme respectée, dit une infortunée, trop décente pour se plaindre de certains torts, et qui se respecte assez elle-même pour dévorer ses chagrins. Eh! que gagnerait-elle en effet à réclamer l'équité naturelle, si diffé-

rente de la justice humaine, puisque le mari le plus injuste et le plus authentiquement méprisable trouve souvent encore de la protection dans les lois et de
l'approbation parmi les hommes. Il faut qu'il ait bien scandaleusement tort avant
que d'en être taxé. (Maxim 124, p. 379)

She proposes at any rate to test him a bit longer, to see if he really has
changed. In the meantime she attempts to give him part of the money
left her by M. de Canaples, so that he will be financially free to marry
any woman of his choice. When he refuses, she suggests that accepting
her gift would be a great mark of friendship:

L'amitié ne se prouve pas moins par les biens qu'on reçoit d'un ami que par ceux
qu'on lui fait; trop de délicatesse est une défiance injurieuse, et l'on en doit quelquefois le sacrifice au plaisir qu'il a de nous obliger. (Maxim 123, p. 378)

She arranges for him to be with a distant cousin of her late husband,
Mlle. de Foix, and acts as matchmaker until they eventually do fall in
love. This episode receives a rather brief and unconvincing treatment by
Duclos. They marry and accept her fortune so that she can accept their
happiness by feeling in part responsible for it. They look to her with
veneration as a friend and model of virtue; and yet, in being somewhat
more than human, she finishes really as less than human also – or at
least as a poorly drawn fictional character with ill-defined motives. The
narrator typifies his married state as the ideal of happiness that man can
achieve on earth:

La situation tranquille et heureuse dont je jouis, me prouve à chaque instant qu'il
n'y a de vrai bonheur que dans l'union du plaisir et du devoir. (Maxim 137,
p. 388)

We have examined the four series of lessons given to the narrator in
the maxims of these four characters. The other major function of the
maxims of this novel can be seen in the self-examination made by the
narrator. His subject is himself, but also the life and the foibles of the
homme à la mode of his time. This is doubly interesting as a comparison
with this same type ten years earlier, the narrator of the *Confessions*.

The *homme à la mode* is seen now as the exemplar of the depravity
of his age, and indeed the narrator attempts to draw an historical summary of this type. The gallantry of the *Confessions* is passé, and though
it had its evils, the narrator envisions many more inherent in the fatuity
of the present age:

Cette fougue des sens qui nous emporte dans la première jeunesse, et qui se
calme et se dissipe enfin dans un âge plus ou moins avancé, est commune à tous
les hommes, et les porte vers le même but; mais ce désir ardent est rarement uni
à celui de plaire, au lieu qu'il faisait une partie essentielle des anciennes moeurs.

Il avait fait naître une politesse délicate qui s'est perdue. On en voit encore des vestiges dans ceux qui ont été les hommes à la mode de leur temps. Un esprit de galanterie fait leur caractère particulier, et leur fait dire des choses fines et flatteuses, que nos hommes brillans d'aujourd'hui, même ceux qui leur sont supérieurs par l'esprit, auraient de la peine à imiter. Ils ont trouvé plus commode de les tourner en dérision, que d'y atteindre. Ils s'imaginent avoir beaucoup gagné au changement qui est arrivé; et il est certain que, toutes choses égales d'ailleurs pour le vice et pour la vertu, on a perdu bien des plaisirs en renonçant à la décence. Un coup d'oeil, une petite distinction, une légère préférence de la part de l'objet aimé, étaient des faveurs inestimables: eh! qu'importe quels soient les principes du bonheur, pourvu qu'il soit senti? Est-il pour les amans un état préférable à celui d'avoir une espérance amusée et soutenue, des désirs animés et flattés, et de parvenir, par une gradation délicieuse, au terme du bonheur, en aiguisant les plaisirs des sens par les illusions de l'amour-propre? (Maxim 4, p. 314)

Les principes de la fatuité en France, sont aussi anciens que la monarchie; mais jusqu'à nos jours elle n'avait jamais été une science perfectionnée, comme nous la voyons. (Maxim 5, p. 314)

We may ask at this point what exactly has changed. True, the world of the *homme à la mode* in this novel is one of artificiality and insincerity and one which systematically attempts to destroy all natural sentiments. Vanity replaces desire as the essential motivation of the roving *homme à la mode,* and each new liaison is reduced to a gesture for recognition. A man's value is measured by his successes with women, and he seeks to be the constant subject of conversation:

Pour un homme qui veut se distinguer dans la carrière où j'entrais, il est assez indifférent qu'on en parle bien ou mal; il suffit qu'on en parle beaucoup. (Maxim 56, p. 338)

Les intrigues s'engagent ou se dénouent par convenance et non par choix. La société dans laquelle on vit, en décide, à peu près comme on résout un mariage dans une famille; de sorte qu'on voit des intrigues de convenance comme des mariages de raison. Il n'est pas même sans exemple qu'on emploie la gêne, et que l'on contrarie le goût de deux amans; il y a de ces liaisons qui se font presque aussi tyranniquement que de certains mariages. (Maxim 69, p. 343)

The *homme à la mode* is generally born to this state (Maxim 81, p. 347), or at least this high birth does make it easier to succeed. (Maxim 68, p. 343) But all these characteristics are exactly the same as those described by the narrator of the *Confessions* ten years earlier. The major difference between the gallantry of the first novel and the fatuity of the second is defined in the conscious indiscretions and subterfuges employed in order to exploit other people:

Si l'on y fait attention, on verra que tous les travers de mode ont, comme les arts de goût, leur différens âges, leur naissance, leur règne et leur décadence. Il y a si longtemps que l'amour était un sentiment tendre, délicat et respectueux, qu'on regarde cet amour comme absolument romanesque. Cependant il y a eu un âge d'honneur et de probité en amour; la discrétion était inséparable, et faisait partie du bonheur; elle était un devoir si essentiel et si commun, qu'elle ne méritait pas d'éloge; l'indiscrétion eût été un crime déshonorant. Ce temps-là est passé. La première marque de l'affaiblissement du bonheur, ainsi que de la vertu, c'est lorsque l'on commence à en faire gloire. La vanité vint donc s'unir à l'amour, et par conséquent le corrompre. La vanité donna naissance à l'indiscrétion, et celles qui en furent les premières victimes se livrèrent au désespoir. Ce fut alors le beau siècle de la fatuité; mais ce malheur devint si commun, il y eut tant de sujets de consolation dans les exemples, que les motifs de honte disparurent, et les âmes les plus timides se rassurèrent. Enfin, les choses en sont venues par degré au point qu'on voit des femmes prévenir l'indiscrétion par l'éclat qu'elles font elles-mêmes, et mettre par leur indifférence sur les propos du public la fatuité en défaut. On ne pourra plus se faire un honneur de divulguer ce qui ne sera ni caché ni secret; et je ne doute point qu'on en voie bientôt la fatuité périr, comme les grands empires par l'excès de son étendue. (Maxim 62, pp. 341-2)

The clearest example of this use of people by the consciously indiscreet *homme à la mode*, occurs in the relationship between the narrator and Madame de Clerval. He has chosen her because of her high birth and good reputation, and she him after being convinced of his probity and sense of honor. But such a liaison if made public would be high flattery to his reputation, and so he chooses to attempt to let word leak out. Derville, another suitor of Madame de Clerval, is his instrument. He is painted as the ineffective man of good intentions. He is the sort who tries so hard to be discreet that any secret can practically be read on his face. The narrator controls him in such a way that he spreads the rumor of their liaison, and then the two men duel. This serves to take away any uncertainty of it for the public. The older narrator can muse about this cruel behavior which was characteristic of the fatuity of his earlier years:

Ma seconde réflexion est sur les différentes sortes de perfidies. Il y en a une qui consiste à noircir, par une horrible calomnie, la vertu d'une femme dont on a quelquefois essuyé des mépris; et je croyais cette noirceur fort rare. Il y en a une autre assez commune, c'est de trahir, par indiscrétion et par une fatuité ridicule, le secret et les bontés d'une malheureuse qu'on aurait dû respecter par reconnaissance ou par honneur. La troisième espèce de perfidie, plus méprisable encore que la seconde, consiste à jouer la discrétion, et à révéler par sa conduite, ce qu'on affecte de cacher; à laisser voir des choses sur lesquelles on ne serait pas cru, si on les disait hautement. Celui qui trahit ouvertement, s'expose du moins au ressentiment, et s'attire toujours le mépris; au lieu que le manége artificieux dont je parle, ne fait pas perdre à celui qui l'emploie, la réputation de galant homme: c'est le poison, encore plus odieux que le poignard. (Maxim 52, p. 335)

In a sense, the *homme à la mode* of the *Confessions* was using the women with whom he contracted relations. They were means to maintain his reputation as a successful lover exactly as they are here. But they were playing the same game so to speak – following the same code of behavior, and forming their reputation as *femmes du monde*. The Count of the *Confessions* respected the secrecy desired by any of the women he met (Milady B, Madame de Selve). Here on the contrary, the narrator is ready to lie about his sense of honor in order to succeed in a relationship, and equally ready to ruin the reputation of his partner to glorify his own. This well-plotted use of women in the love situation is a rather clear metaphor of man's cruelty. It paints an attitude which will have its definitive portrayal in the *Liaisons dangereuses* of Laclos, and in the writings of the Marquis de Sade.

What then is Duclos trying to set forth in the maxims of this novel as an approach to life? Is it this cruel use of people by people for the sole aim of personal interest and the treatment of them as if they were mere objects? This type of behavior certainly leaves a strong impression on the reader, as it did in the two preceding novels. One is thus justified in claiming that Duclos' works emphasize the power of such an approach. But many difficulties arise in any attempted explanation of the entire sense of this novel and its maxims in such a way.

First, as in the *Confessions*, a lengthily developed and convincingly explained sense of boredom with the life of the *homme à la mode* hits the narrator. It cannot be explained simply by old age and a slackening of the passions, since the narrator here is still in his twenties at the close of the novel. It seems rather to be built into the intense activity. One carries on after a time from habit more than any pleasure received:

Je remarquai que l'habitude des plaisirs subsiste, et peut se tourner en nécessité, quoique le goût en soit usé. (Maxim 111, p. 362)

This negative proof of our contention that Duclos does not propose the cruel activity of the *homme à la mode* as a norm of behavior is equalled in effect by a positive vision which reasserts itself at intervals throughout the novel and is its final vision. Among the many types described by the narrator, a series of portraits stands out because they are held in great respect. An examination of these portraits, which reappear so insistently, certainly must yield the values which Duclos meant to dominate our understanding of the work.

Madame de Saintré and her salon are held in high esteem even by the fatuous young narrator. He seems to respect especially the moderation in tone and comportment of those who comprise the group. They are intelligent and creative and cultured, but avoid the excesses of the pedantic and *précieux* groups:

Je n'ai point connu de compagnie qui fût mieux choisie et plus variée, sans être mêlée. C'est là que j'ai vu de la différence dans les caractères, sans opposition; des esprits d'un tour singulier et naturel, sans affectation ni bizarrerie; de la raison sans pédantisme; et de la liberté sans extravagance. Rien n'était exclus de la conversation, rien n'était préféré. Les propos, sans être ni froidement compassés, ni follement décousus, roulaient sur tous les sujets qui peuvent naître entre des personnes de différent état, instruites ou aimables, et qui toutes étaient estimables dans leur classe. (p. 344)

The good friend of Madame de Saintré, the Chevalier de Nisarre, is especially noted as the sort of man to be held in respect. Indeed he is the exact opposite of the flighty, insincere, and conceited young *homme à la mode*:

C'était un homme d'environ cinquante ans, qui, après avoir servi avec distinction, moins par ambition que par devoir, avait quitté le service à la paix. Il avait le coeur droit et les moeurs douces. Son esprit, plus étendu que brillant, ressemblait à une lumière égale qui éclaire sans éblouir, et se porte sur tous les objets. Des hommes médiocres auraient pu vivre long-temps avec lui, sans soupçonner sa supériorité; il n'appartenait qu'à des gens d'esprit de la reconnaître ... Je n'ai jamais connu d'esprit dont toutes les parties fussent dans un équilibre plus parfait. Ce je ne sais quoi, si sensible dans certaines physionomies et si difficile à définir, il fallait que le chevalier l'eût dans le caractère pour se faire pardonner son mérite; car, en faisant honneur à la vertu, il était respecté par l'envie.: Il pouvait n'être pas le premier partout; mais il n'aurait jamais été le second: on l'aurait toujours distingué. Enfin, si j'avais voulu peindre l'honnête homme parfait, je n'aurais pas choisi d'autre modèle. (p. 348)

It is true that the young narrator is not aware of this merit, but when he is sent from Madame de Saintré and made to feel how contemptuous and preposterous is his idea that she would prefer him to the Chevalier, he begins to sense the merits of the latter and his own limitations.

The Comte de Vergi, the likable prototype of the knowingly tricked husband, has already been described. It may again be noted that he sees the current morals as folly and as temporary, and traces an evolution of morals very similar to that of the narrator, showing *amitié* and sentiment to win out finally over gallantry and falsity.

The fourth and last example of the alternative sets of values examined in the novel, are those of Madame de Canaples. Her values are the most complex and difficult to analyze. This is because she, much like Madame de Selve of the *Confessions,* holds out the ideal of constancy and love which combines passion and friendship, to the narrator. But she, unlike Madame de Selve, is depicted as essentially perfect and un-human. It is not she who yields to the plotted seduction of the narrator as does Madame de Selve, and it is not she who accepts his marriage proposal when there can no longer be any doubt of his constancy. Madame de

Selve denatures love in the sense that she is the teacher who molds the Count to be a suitable husband for her. Madame de Canaples goes one step further and is the benefactor of the narrator, both in arranging his marriage with Mlle. de Foix, and in arranging for their comfortable finances. The narrator claims great happiness at the end of the novel from the combination of pleasure and duty. (Maxim 117, p. 388) This would be more satisfying if it were more believable. At any rate, it is another example of a different path available to men. What seems most significant in assessing the ultimate sense of the maxims of this novel and of the novel as a whole, is that this relationship combining pleasure and duty appears to be the only one which yields lasting happiness.

CHAPTER VI

THE MAXIMS IN THE NOVELS OF DUCLOS:
A CONCLUSION

Our study has attempted a critical investigation of the maxims in the novels of Duclos. We have tried to articulate the sense and the value of this technique of the author. In so doing, we have situated Duclos as a literary figure in the eighteenth century and briefly examined his complete works. We have defined the maxim as it appears in these novels of Duclos as a seemingly authoritative generalization which is expressed with a degree of precision and density. This maxim, so defined, has appeared variously in the novels in the form of aphorism, epigram, pensée, and portrait.

In each novel, these maxims have represented a salient feature of Duclos' style of composition. They appear with high frequency, and in their tone of authority, generally abstract from and enlarge upon the meaning of the novels' events. This is their principal role. The vast majority of these maxims are spoken by the narrator of each novel, and are placed in the midst of his running narration. The maxims spoken by other characters generally examine or justify their own point of view, with the usual aim of teaching the narrator, or influencing the thought and actions of another character. We have noted that these latter maxims often, though not always, are spoken with a definite goal of convincing for personal benefit, and often falsify the truth while appearing to express it. At these moments an ironic element can be seen in the maxims: man's use of reason's appearance to mislead other men.

A resume of the function and role of the maxims in each novel is in order. In the *Histoire de Madame de Luz*, the maxims of Madame de Luz and of Saint-Géran explain their value systems to each other; those of Thurin, Maran, Marsillac, and Hardouin also describe value systems, but have the added purpose of seduction. Those of the narrator comment upon the society in general, and the types of characters in the novel. They paint the psychology and motivations of the characters and then situate them and their experience in the milieu of their time. In the *Confessions du Comte de ****, the vast majority of the maxims are uttered by the narrator and serve to analyze human motivations and desires, and to describe the contemporary scene. They especially try to explain the elements of the amorous code of the aristocracy, and the psychology of the love relationship. Inherent in them are criticisms of men and of the code. These maxims of the second novel are basically descriptive of this society and its classes – especially the unique role of the *homme à la mode*. They are tools of study which clarify certain conventions of society, and certain emotional dynamics of the men and women in each relationship. In the *Mémoires sur les moeurs de ce siècle*, the maxims again have the effect of developing concepts of the *homme à la mode*, the various male-female relationships he enters, and the differences between *amour*, *passion*, and *amitié*. In addition to the narrator, four characters deliver substantial maxim-lectures which explore these ideas. In each of the three novels, then, the maxims are highly characteristic of the means of expression of Duclos.

The ethical implications of the maxims of each novel bear summary at this point. In the *Histoire de Madame de Luz*, they have served to test out three value systems: the Christian, the nihilist-hedonist, and the humanist. The narrator has treated the second system quite critically, while at the same time demonstrating its power and its possibility for success in the given society. Those who use people for their egoistic aims of power and pleasure appear to succeed without punishment. The other two systems are presented sympathetically, but fail. And all three systems fail to bring happiness and satisfaction of a permanent nature. The vision of the world in these maxims is a depressing one, with education held out as the only practical way to possibly change the society at the base of this situation. In the *Confessions du Comte de ****, the maxims attempt to prove that lasting happiness can exist only in a relation based on mutual esteem, tenderness, sentiment, and compassion. This again turns out to be a discouraging view, since the two who achieve this situation are definitely the exceptions in society. Once more the maxims look to major changes in the education and mores of the society as a basis of improving these conditions. In the *Mémoires sur les moeurs de ce siècle*, there exists an evident juxtaposition of two types of people, and the effect of the ensuing contradistinctions is to question once more the way in which men must live to achieve happiness. There are those who cruelly use other people for their personal interest, and these people fall eventually into great boredom and self-disgust. There are also those who live with moderation, culture, and tolerance for others, and who are shown to achieve a greater contentment. The maxims again look to the future when the ways of these wise few may be those of society, and when education may change the mores of society to favor a more sensible and loving behavior among men.

It is appropriate to ask what *vision du monde* and what ethical system, if any, emerge from the totality of these maxims. It was typical of certain eighteenth century trends to consider that ethics could be placed in a comprehensive system, and also, to treat such questions in thematic novels. With Duclos, we have found no visible goal of the development of a unified ethic. Rather, the painting of people and their age seems uppermost as a directing motif of the maxims and the novels in which Duclos places them. Duclos is most accurately described as an analyst of men in society. We note, with Skrupskelis (p. 223), that he did not treat such questions as the origin of man and his place in the universe. He says little about government and nothing specific (as Rousseau did) about education. His descriptions of society rather than his ethical ideas are probably the more original part of the maxims' content. What they say about self-interest, motives, and social activity had already been expressed many times. For example, Bayle had written half a century earlier about the passions rather than the rational theories of men governing behavior. Montesquieu had shown in his mythical Troglodyte tribe the dangers of placing individual interest before the welfare of the group. Marivaux had already described an ethic of sentiment.[1]

At the base of the ethical inquiries of Duclos is the attempt at a realistic estimate of human nature. The men envisioned in the novels are selfish, and must be controlled by a more refined and other-directed education if the societal change necessary to moral change is to occur. Duclos' thought often appears utilitarian, and yet he cannot be said to be consistent in this vein. Man does appear malleable, and his acts depend on his milieu and the chance circumstances of his existence. Education, in the broad sense of the French word, thus becomes of decisive importance if man is to be taught to act for a decent interpersonal relationship, which is shown to be the only workable path to happiness.

We have noted that the writing of novels was not the exclusive interest of Duclos. He was not a leading writer but was outstanding among the lesser ones, especially as an analyst of man in society. The maxims of his novels treat many of the subjects of ethical intellectual debate in the eighteenth century, such as happiness, boredom, education, love, and friendship. Society, again, is the basic subject; not simply its codes and

---

[1] See Meister and Skrupskelis for detailed discussions of Duclos in relation to his contemporaries.

customs, and the masks worn by the men it supports, but also the intricate ways in which it links men to each other and controls their dependance upon one another.

As a writer, Duclos never seemed able to perfect a manner of writing which would express his views. His excessive use of maxims is one reason why the novels lack this aesthetic perfection. His style of writing was a function of his vision as well as a technique. His inclusion of maxims as a means of expression does lend a formal elegance to this writing. It is a use of language for investigation. Alfred North Whitehead aptly identifies this phenomenon of the identity of thinking and imagination:

In each period there is a general form of the forms of thought ... the mode of thinking in each age is also a mode of consciousness. The eighteenth century is usually called an age of reason without recognizing that its rational activity was almost identical with its imaginative activity. The enlightened imagination often expressed itself as ideas.[1]

This penchant for dogmatic generalization about men and their mores in maxim form is indeed both the essence of the thought structure of Duclos and of the framework of his fiction. In these maxims he attempts to describe what he has seen and to suggest the ways in which society can improve. Perhaps Meister best sums up the use of maxims in the novels of Duclos, in his description of Duclos the moralist:

Moraliste il l'est non comme professeur de morale, mais comme observateur des moeurs.[3]

---

[2] Whitehead, *Adventures of Ideas,* p. 12. Quoted by Wylie Sypher, in *Rococo to Cubism in Art and Literature* (New York: Vintage, 1966), p. xvii.
[3] Meister, p. 215.

APPENDIX A

MAXIMS: *HISTOIRE DE MADAME DE LUZ*

1. p. 147.[1] "Il semble que la vertu d'une femme soit dans ce monde un être étranger, contre lequel tout conspire. L'amour séduit son coeur; elle doit être en garde contre la surprise des sens. Quelquefois l'indigence, ou d'autres malheurs encore plus cruels, l'emportent sur toute la fermeté d'une âme trop long-temps éprouvée: il faut qu'elle succombe. Le vice vient alors lui offrir des secours intéressés, ou d'autant plus dangereux, qu'il se montre sous le masque de la générosité. Le malheur les accepte, la reconnaissance les fait valoir, et une vertu s'arme contre l'autre. Environné de tant d'écueils, si une femme est séduite, ne devrait-on pas regarder sa faiblesse plutôt comme un malheur que comme un crime: car enfin la vertu est dans le coeur, mais la malignité humaine ne veut juger ici que sur l'extérieur, quoique, dans d'autres occasions, elle cherche à développer le principe secret des actions les plus brillantes, pour en diminuer le prix et en obscurcir l'éclat. Quels sont donc les avantages d'une vertu si difficile à soutenir? Etrange condition que celle d'une femme vertueuse! Les hommes la fuient, ou la recherchent peu; les femmes la calomnient; et elle est réduite, comme les anciens stoiciens, à aimer la vertu pour la vertu seule."

2. p. 150. "Le respect d'une passion naissante est plus sûr que la reconnaissance d'un amour heureux et satisfait."

3. p. 150. "Les personnes qui ont passé l'âge des passions, ou qui n'en ont jamais connu les égaremens, ne sont pas ordinairement les plus clairvoyans."

4. pp. 151-2. "Quelle que soit l'idée qu'on a de la vertu d'une femme, ce n'est certainement que l'espoir qui fait qu'on lui déclare l'amour qu'on ressent pour elle; et l'on n'est jamais malheureux quand on espère."

5. p. 152. "La nature est avant tous les devoirs, qui ne consistent souvent qu'à la combattre."

6. p. 152. "Aussitôt qu'une femme paraît à la cour, son mari semble être

---

[1] All page references in the Appendix are to the first volume of the Villenave edition of the complete works of Duclos. The maxims have been numbered for ease of reference and are for the most part left in their original context.

la personne qui lui convient le moins. Ceux qui n'ont point encore de commerce réglé, viennent offrir leurs soins. Les amans déjà pourvus veulent du moins en être les médiateurs. On consulte particulièrement les convenances de sociéte, et, si l'on peut, le repos du mari et le goût de la femme."

7. p. 152. "Les magistrats, alors appliqués aux affaires, ne sortaient guère de la gravité de leur place et de leur caractère. Ils n'allaient à la cour que lorsque le roi les mandait, ou qu'ils étaient annoncés, attendus, et reçus avec distinction. Dans tout autre temps, le poids, le nombre et la discussion des affaires leur donnaient assez d'occupation, et ils tiraient leur considération du pouvoir qu'ils ont de juger de la vie et des biens de ceux qu'on appelle communément des seigneurs, et qu'ils ne voyaient qu'en recevant chez eux leurs sollicitations."

8. pp. 152-3. "De jeunes magistrats méprisèrent leurs devoirs au lieu de se mettre en état de les remplir: les imitateurs ne saisissent ordinairement que les ridicules de leurs modèles. Ces jeunes sénateurs s'imaginèrent que, pour être courtisans, il suffisait de jouer gros jeu, de perdre en ricanant, d'avoir une avarice contrainte, et de dire des fadeurs à une femme."

9. p. 153. "Les amans d'un rang inférieur sont ordinairement timides ou insolens."

10. p. 153. "Il n'est que trop ordinaire de voir le goût du frivole et la dissipation étouffer ou suspendre les talens les plus graves et les plus importans."

11. p. 153. "La liberté du coeur donne celle de l'esprit."

12. p. 154. "La plupart des femmes, qui ne sont pas sensibles à la passion d'un homme qu'elles regardent comme leur inférieur, ne se font pas un scrupule d'en plaisanter assez hautement, et veulent le punir par le ridicule; mais une femme raisonnable ne se permet pas cette conduite."

13. p. 154. "Un honnête homme, qui peut d'ailleurs mériter quelques égards, est déjà assez malheureux d'aimer sans être aimé, sans devenir encore l'objet du mépris. Une femme qui en pareille matière plaisante de la faiblesse d'un homme, a pour l'ordinaire de l'indulgence pour quelqu'autre plus heureux."

14. p. 154. "Pour un homme vain et présomptueux, tout est faveur."

15. p. 155. "Un homme assez vain pour croire qu'il ne peut jamais être l'objet du mépris, y est d'autant plus sensible lorsqu'il ne peut plus se le dissimuler."

16. p. 156. "Le bonheur de la vie d'une femme dépend d'être attachée à ses devoirs. Il n'y a de véritable tranquillité pour elle que dans la vertu."

17. p. 156. "L'amour est toujours assez pénétrant sur ce qui peut le flatter, et passe naturellement de la timidité à la présomption."

18. p. 156. "La confiance d'avoir plu donne de plus en plus les moyens de plaire."

19. p. 158. "Les hommes, disait-elle, n'ont en aimant qu'un intérêt, c'est le plaisir ou une fausse gloire; nous en avons un second beaucoup plus cher, qui est l'honneur et la réputation: c'est de là que dépend notre vrai bonheur. De la perte de l'honneur naissant des malheurs trop certains: ce n'est pas que je craigne de trahir jamais la vertu; mais je ne suis peut-être déjà que trop criminelle de vous avoir laissé voir mes sentiments, de ne les avoir pas assez combattus; ou, si ce n'est pas un crime de ne pouvoir régler les mouvemens de son coeur, c'est du moins un très-grand malheur."

20. p. 158. "N'avons nous pas à la cour une estime singulière pour les amans dont le commerce est fondé sur une passion que la constance rend respectable? De tels amants sont plus estimables que des époux que les lois forcent de vivre ensemble; car il faut qu'une passion toujours heureuse et toujours constante soit fondée sur des qualités supérieures, et sur une estime réciproque. Si le commerce de deux amans n'était pas innocent, aurait-on imaginé de leur imposer des devoirs? Cependant les amans ont les leurs comme les époux; ils en ont même de publics, et que les personnes mariées ne peuvent pas s'empêcher d'approuver. Voyez, par exemple, le chevalier de Sourdis: il a été à la mort: madame de Noirmoutier, par une discrétion mal entendue, n'osait pas aller le voir. M. de Noirmoutier, qui n'ignore pas leur liaison, a été le premier à conseiller à sa femme de rendre à son ami ce qu'elle lui devait, sans quoi elle ne donnerait pas bonne idée de son coeur. Elle n'a plus quitté son amant pendant tout le cours de sa maladie: elle a été généralement approuvée, et le roi en a su bon gré."

21. p. 159. "Elle sentait . . . qu'il y avait même plus de vertu à suivre ses devoirs contre son penchant et à distinguer les droits du mari d'avec ceux de l'amant.

22. p. 159. "Quand on connaît les limites de la vertu, quand on ne s'exagère point ses devoirs, on est incapable de les violer."

23. p. 159. "Quel bonheur d'admirer ce qu'on aime! Quelque chimérique que cet état paraisse à la plupart des hommes, peuvent-ils y préférer un commerce languissant, où souvent le dégoût succède au plaisir? Ce n'est pas un vice de notre âme, c'est celui de nos organes. La nature n'a attaché la vivacité de nos goûts qu'à la nouveauté des objets; et s'il était possible d'apercevoir dans un seul instant tout ce qu'il y a de charmes dans un objet, il n'inspirerait peut-être qu'un seul désir, et la jouissance ne serait pas suivie d'un second. Mais on ne découvre que successivement ce que cet objet a de piquant; le commerce se soutient quelque temps; mais enfin le goût s'épuise: je n'en voudrais pas même d'autres que ceux dont la vie est une inconstance perpétuelle; que ces hommes dont une figure aimable, un jargon séduisant, une saillie brillante font tout le mérite, et dont la raison détruirait les grâces. Courus des femmes, le plaisir et la vivacité les emportent; mais bientôt la multiplicité des objets ne leur offre plus de variété: rien ne pique leur goût, et leurs sens sont émoussés. Malheureusement pour eux ils se sont fait un métier d'être aimés des femmes; ils en veulent soutenir la gloire; ils y sacri-

fient le plaisir, le repos et la probité. Toutes leurs intrigues leur paraîtraient souvent insipides, s'ils n'y joignaient le goût de la perfidie. Le plaisir les fuit; et lorsqu'en vieillissant ils sont obligés de renoncer au titre d'aimables, inutiles aux femmes, au-dessous du commerce des hommes, ils sont le mépris des deux sexes."

24. p. 159. "Le désir peut être le fruit du bonheur, et même y ajouter."

25. p. 160. "Un homme accoutumé à être souverain dans un camp et à la tête d'une armée, ne revient qu'avec dépit à la cour, où, quelque grand qu'il soit, il trouve des égaux, et où tout lui fait sentir qu'il est sujet."

26. p. 161. "Biron était véritablement brave; la valeur lui était naturelle; mais l'estime qu'il faisait de lui-même à cet égard, était sa manie. On prend quelquefois pour objet de son amour-propre une qualité réelle; l'orgueil peut en diminuer le prix, mais il ne la détruit pas."

27. p. 161. "Mais, lorsqu'il s'agit de la voir d'un oeil tranquille, ce n'est alors ni le courage du général, ni même la férocité du soldat qui inspire la fermeté, c'est la vertu d'un philosophe."

28. pp. 162-3. "D'ailleurs, La Fin connaissait la cour et les hommes. Il avait avec les grands le caractère qu'ils ont avec leurs inférieurs; il songeait à les faire servir à ses intérêts, au lieu d'être la victime des leurs. Le maréchal n'était pour lui qu'un moyen et un instrument pour parvenir. Les grands n'étaient à ses yeux que des hommes rampans dans le besoin, faux dans leurs caresses, ingrats après le succès, perfides à tous engagemens. Il n'avait point pour eux cet attachement désintéressé, dont la plupart sont si peu dignes. Il n'avait pas la vanité ridicule de rechercher leur liaison, et de se croire honoré d'essuyer leur faste. Il n'était point la dupe d'un accueil caressant, qui marque le besoin qu'ils ont des autres, plus que l'estime qu'ils font de leurs personnes. Il entra dans les desseins du maréchal de Biron, avec un dessein formé de profiter de ses succès, ou de le sacrifier lui-même à sa sûreté, en le trahissant si l'affaire tournait mal: La Fin était né pour être grand seigneur."

29. p. 165. "Un honnête homme qui s'est malheureusement écarté de son devoir, croit ne pouvoir, en quelque façon, excuser le parti qu'il a pris, que par sa fermeté à le soutenir. Les véritables conjurés et les plus dangereux sont ceux qui auraient été les sujets les plus fidèles, s'ils n'eussent pas été séduits: c'est l'erreur qui les jette dans le crime."

30. p. 167. "L'orgueil même dans une belle âme a ses scrupules comme la vertu, et produit les mêmes effets."

31. p. 170. "Je sais, madame, que ce que l'exigeais de vous est ordinairement le fruit de l'inclination, plutôt que de la reconnaissance; cependant la dernière rend peut-être une femme encore plus excusable que si elle se livrait à un vain caprice."

32. p. 170. "M. de Saint-Géran, madame, vous trouverait sans doute plus disposée à reconnaître un service de sa part, qui de la mienne vous devient

odieux, et c'est ainsi que la vertu des femmes n'emprunte sa force que de la faiblesse de celui qui l'attaque."

33. p. 170. "On ne reste ordinairement dans les bornes de la modération, que lorsqu'on est injustement accusé; l'innocence est d'une grande consolation: c'est ainsi qu'il faut plus de philosophie dans les malheurs qu'on a mérités, que dans ceux dont on peut accuser le sort."

34. p. 171. "Toutes les parties dont les affaires prennent un mauvais tour, et qui ne peuvent en prévoir qu'un succès malheureux, ont coutume de déclamer contre leurs juges. Ces reproches, trop souvent répétés, ont aujourd'hui perdu tout crédit, lors même qu'ils sont les mieux fondés."

35. p. 171. "Cette vertu, si précieuse à vos yeux, n'est qu'un préjugé chimérique, que les hommes, par un autre préjugé, exigent dans leurs femmes ou dans leurs maîtresses, et dont ils font peu de cas dans les autres. Elle peut quelquefois faire naître une estime stérile; mais, comme elle est contraire à leurs plaisirs, qui est leur intérêt le plus cher, ils ne croient pas lui devoir beaucoup de reconnaissance."

36. pp. 172-3. "Les rois aiment mieux tolérer ou dissimuler un abus, que d'annoncer, par un châtiment d'éclat, qu'ils ont fait un mauvais choix, et laisser soupçonner au public, dont les jugemens sont toujours outrés, que ceux qui sont en place peuvent être aussi criminels, mais qu'ils ont plus de prudence. J'ajouterai que les juges dont l'intégrité n'est pas absolument inflexible, ne sont pas toujours les moins nécessaires à la cour. Il se rencontre souvent des affaires délicates où l'on a besoin de ces génies adroits, de ces consciences souples, qui sachent le grand art de se prêter aux circonstances, en méprisant les formalités. On leur passe souvent bien des irrégularités à cause des services qu'ils peuvent rendre en plusieurs occasions où il s'agit d'affaires importantes, dont quelques uns, qui prendraient leurs répugnances pour de la vertu, ne voudraient pas se charger, et que des esprits libres et dégagés des scrupules font réussir."

37. p. 173. "Une personne alarmée, abattue et humiliée, ne voit que son malheur, et n'ose quelquefois pas avoir de la vertu; elle accompagne rarement l'infortune."

38. p. 173. "Un scélérat n'a point de remords, mais il a de l'orgueil."

39. pp. 173-4. "Ce sont celles dont on n'a rien exigé, que la reconnaissance mène le plus loin."

40. p. 174. "L'amour est toujours inséparable de l'espérance."

41. p. 174. "L'heureuse oisiveté dont jouissent, dans cette capitale, les gens du grand monde, plus attachés à cette ville qu'ils n'y sont nécessaires, fait que la moindre aventure les intéresse et les partage."

42. p. 174. "Un juge qui laisse pressentir le jugement qu'il porte d'une affaire, en occasione beaucoup de téméraires."

43. p. 175. "L'éclat, en pareil cas, est plus ordinaire aux fausses prudes

qu'aux femmes vertueuses. Les prudes espèrent en recueillir une réputation dont elles sentent bien qu'elles ont besoin, peut-être même faire honneur à leurs charmes qui leur sont plus précieux que la vertu. Une femme raisonnable est effrayée de tout ce qui porte l'idée du crime. Elle craint qu'on ne soupçonne que l'espoir et la facilité aient enhardi l'insolence. Il y a au moins autant de vertu à ne pas éclater, et il y a certainement plus de pudeur."

44.   p. 176. "Quelle différence la probité délicate met entre deux hommes qui ont les mêmes désirs!"

45.   p. 176. "Le malheur des âmes délicates est de se faire des scrupules."

46.   p. 177. "La vertu malheureuse est plus aisée à déconcerter que le crime; et il n'y a peut-être pas de situation plus cruelle et plus humiliante pour une âme noble, que d'être réduite à demander une grâce à quelqu'un qu'on méprise."

47.   p. 181. "Tous ceux qui étaient restés amis de M. de Luz, ou qui crurent qu'il était permis de le redevenir, partirent avec lui. D'autres se récrièrent sur la justice du roi, sur l'innocence du baron, et disaient qu'ils ne l'avaient jamais soupçonné d'être criminel; que tôt ou tard la vérité perce, et que l'innocence triomphe. Enfin les courtisans de ce temps-là pensaient et parlaient comme ceux d'aujourd'hui."

48.   p. 182. "Les princes voulant en général que l'on reçoive toujours une justice comme une grâce . . ."

49.   p. 183. "Une femme qui s'est une fois livrée à un homme, si elle ne lui a pas engagé son coeur, lui a du moins donné des droits sur sa complaisance: ou elle s'attache à son amant, ou elle obéit à son tyran; et la passion brutale d'un scélérat n'en exige pas davantage."

50.   p. 185. "Elle avait manqué à la fois à la vertu et à l'amour, et les reproches de l'amour sont peut-être les plus sensibles."

51.   pp. 185-6. "Si la vertu, si la raison doivent nous faire combattre des sentimens contraires à notre repos, pourquoi ne pas chercher à fortifier ceux qui y sont conformes? L'on prétend que les réflexions peuvent affaiblir une inclination; elles peuvent aussi contribuer à la fortifier dans un coeur."

52.   p. 186. "Les châines de l'habitude sont bien fortes."

53.   p. 186. "Je serois trop heureuse que mon coeur et mon devoir fussent d'accord; si je ne dois m'en flatter, ils ne seront pas du moins dans un combat perpétuel, et la vertu n'exige rien de plus: l'amour pour mon mari ferait mon bonheur; mais il n'est pas nécessaire à mon devoir."

54.   pp. 187-8. "Un grand nombre d'officiers français, n'ayant plus de guerre chez eux, allèrent la chercher chez les étrangers . . . Il semble que le Français ne fasse la guerre que pour la gloire. Il combat son ennemi sans le hair; et, sitôt qu'il a fait sa paix, il est prêt à servir avec zèle celui contre lequel il vient d'exercer sa valeur."

55. p. 188. "Ce prince, en faisant la paix, avait sacrifié son inclination particulière au bonheur de ses sujets: quand on sait combattre, on doit savoir aussi faire glorieusement la paix."

56. p. 188. "On ne voyait point un homme, au sein de l'oisiveté, prétendre à des places qui sont le prix du sang versé pour la patrie, ou quitter le service après les avoir obtenus."

57. p. 189. "C'est une douceur pour les malheureux que de pouvoir s'affliger en liberté."

58. p. 189. "Le monde ne s'attache qu'à ceux qui le recherchent."

59. p. 189. "Le comte de Maran était un homme d'une naissance assez ordinaire, pour ne pas dire obscure. Il était venu du fond d'une province éloignée pour s'attacher à la cour; et, comme on y reçoit aussi souvent les hommes sur leurs prétensions que sur leurs droits, il s'y était donné pour un homme de qualité, et avait été reçu pour tel; ou plutôt on ne s'était guère embarrassé de lui disputer un titre qui n'intéressait personne, par le grand nombre de ceux qui le portent ou qui l'usurpent. C'était sur une naissance aussi douteuse que Maran fondait un orgueil stupide, tel qu'on le remarque dans ceux qui n'ont d'autre mérite qu'un nom à citer. Le comte de Maran croyait que la valeur était la seule vertu; et la férocité lui en tenait lieu. Au reste, sans moeurs, sans esprit, sans probité, il était capable des actions les plus basses et les plus hardies pour satisfaire ses désirs. Son caractère faisait un contraste parfait avec celui du chevalier de Marsillac. Le chevalier était d'une des meilleures maisons du royaume, pouvait prétendre à tout par sa naissance, et il n'y avait rien dont il ne fût digne par sa vertu."

60. p. 190. "Celui-ci, plus présomptueux qu'éclairé, regarda la colère de madame de Luz comme le seul effet de la pudeur. Il était, ainsi que tous les gens sans esprit et sans éducation, dans le préjugé grossier et ridicule qu'il n'y a point d'amans dont les femmes ne soient flattées; qu'elles n'ont jamais qu'une vertu fausse, et qu'il suffit d'être entreprenant pour être heureux avec elles."

61. p. 190. "Le comte de Maran croyait qu'il n'y avait rien de honteux en amour, que de n'être pas heureux; et que les moyens les plus sûrs de le devenir, même les plus criminels, étaient toujours les meilleurs."

62. p. 191. "Le combat n'est jamais long entre deux hommes bien animés."

63. p. 192. "L'amour, qui sait prendre toutes les formes, achève de l'aveugler."

64. p. 192. "Les désirs trop violens laissent peu d'intervalle de l'entreprise au crime."

65. p. 193. "Ces sortes de combats étaient alors, en France, aussi communs qu'impunis."

66. p. 193. "Eh! Comment, avec de pareils sentiments, avait-il pu cesser d'être vertueux? Faut-il que la vertu dépende si fort des circonstances!"

67. p. 194. "Comment, avec tant de vertu dans le coeur, pouvait-elle être devenue si criminelle? Mais comment, avec tant de malheurs, pouvait-elle être encore innocente? C'eût été accuser le ciel d'injustice. Elle aimait mieux se condamner elle-même. Les sentimens d'une religion pure, qui devraient faire la consolation des innocens malheureux, achevaient de l'accabler. Agitée de mille remords, elle ignorait qu'ils naissent moins du crime que de la vertu."

68. p. 194. "Les secours spirituels ne manquent jamais à Paris. Cette ville a toujours été le séjour du crime et de l'innocence. Le vice et la vertu y ont chacun leurs ministres, qui sont dans un combat perpétuel."

69. p. 194. "On a dit que les guerres civiles étaient l'école des grands hommes, parce que chacun essaie ses forces. Les guerres de religion, en causant les mêmes désordres, ont à peu près les mêmes avantages. Avant ces temps-là on croyait sans examen, on péchait sans scrupule, on se convertissait sans repentir: toutes les fautes se rachetaient par des legs pieux; les prêtres vivaient heureux, et les malades mouraient tranquilles. Mais l'hérésie vint dissiper cet assoupissement: on voulut s'instruire pour attaquer ou pour se défendre."

70. p. 195. "Mais il faut presque s'engager dans la voie de ceux qui s'égarent, quand on entreprend de les ramener. On est obligé d'employer contre les passions les armes des passions mêmes; et le coeur est toujours pur quoique l'esprit paraisse se prêter aux différentes impressions de la cupidité. Quels talens, quelle charité ne faut-il pas pour régler les passions, pallier les défauts, ou calmer enfin les remords de ceux dont on ne peut corriger les vices!"

71. p. 196. "M. Hardouin était chargé de la conduite de toutes les consciences timorées de la cour; ce qui suppose qu'il ne dirigeait guère que des femmes. Pour les hommes, le mot de conversion est puéril; et ceux qui se convertissent à la cour, sont toujours ceux qui ont le moins besoin de se convertir. Dans la jeunesse, ils se livrent aux plaisirs et à la dissipation et c'est peut-être alors le temps de leur vie le plus innocent. Lorsqu'ils ont épiusé, ou plutôt usé les plaisirs, ou que leur âge et leur santé les y rendent moins propres, l'ambition vient s'en emparer. Ils deviennent courtisans; ils n'ont pas besoin de vertu pour suivre leur objet; mais il faut du moins qu'ils en aient le masque, et par conséquent un vice de plus. Le succès ne fait que les attacher d'autant plus à la fortune. Les disgrâces en ont quelquefois précipité au tombeau; mais il est rare qu'elles ramènent à Dieu."

72. p. 196. "Il n'en est pas ainsi des femmes de la cour. Dans la jeunesse, uniquement occupées du soin de plaire, elles en perdent en vieillissant les moyens, et jamais le désir. Quelle sera donc leur ressource? Le peu de soin qu'on a pris de leur éducation, fait qu'elles en trouvent peu dans leur esprit; et il y a encore plus de vide dans leur coeur quand l'amour n'y règne plus.

Peu d'entre elles, après avoir été amantes, sont dignes de rester amies. Ne pouvant donc se suffire à elles-mêmes, le dépit les jette dans la dévotion. D'ailleurs les femmes, au milieu de leurs déréglemens, ont toujours des retours vers Dieu. On a dit que le péché était un des grands attraits du plaisir; si cela était, elles en auraient plus que les hommes; mais cette maxime, fausse en elle-même, l'est encore plus par rapport aux femmes. En effet, elles ne sont jamais tranquilles dans leurs faiblesses, et c'est de là sans doute que vient la pudeur qu'elles conservent quelquefois encore avec celui à qui elles ont sacrifié la vertu. Quelques unes ne sont guère moins ambitieuses que des hommes le pourraient être; elles veulent du moins décider des places que leur sexe ne leur permet pas de remplir, et la dévotion leur en donne les moyens. Les dévotes forment une espèce de république, où toute l'autorité se rapporte au corps, et les membres se la prêtent mutuellement."

73. p. 197. "La première attention d'un directeur intelligent et expérimenté est de ne pas montrer d'abord trop de sévérité. La plupart de celles qui s'engagent dans la dévotion, n'ont quelquefois pas encore un dessein bien décidé; le directeur achève de les déterminer. C'est par une conduite adroite qu'il perfectionne la vocation de ces âmes faibles qui ne sont rien par elles-mêmes, que les circonstances entraînent, et qui, suivant par faiblesse l'amour ou la dévotion, deviennent dévotes, ou ont une intrigue, sans être véritablement attachées ni à Dieu ni à leur amant. Souvent elles voudraient bien allier les deux. Un sermon les a touchées; l'amant les attendrit, elles auraient de la peine à l'abandonner. Mais elles quittent le rouge, elles vont à l'office, elles se trouvent aux assemblées des dames de paroisse: le recueillement de la journée leur donne le soir plus de vivacité pour recevoir leur amant. Malgré toutes ces petites contradictions, il ne faut pas que le directeur se rende trop difficile. Dans la dévotion, comme dans l'amour, les premiers pas sont toujours précieux."

74. p. 198. "Je vois que l'innocence a plus de scrupules, que le crime n'a de remords. Mais votre crainte salutaire n'en est pas moins louable: cette sainte frayeur est la sauve-garde de la vertu. Que celui qui est ferme dans la voie du Seigneur, prenne garde de tomber, dit S. Paul; ayez soin d'opérer votre salut avec crainte et tremblement. Oui, madame, il est plus aisé de prévoir les écueils que de sortir du précipice."

75. p. 198. "Le ciel est plus sensible à la conversion d'un pécheur qu'à la persévérance de plusieurs justes; c'est pour les âmes repentantes que les trésors de la grâce sont ouverts."

76. p. 198. "La dévotion est le derner pèriode de la vie d'une femme."

77. p. 199. "L'imagination s'échauffe, et elle est le premier ressort des sens: il faut alors que la grâce soit bien puissante, puisque l'homme est si faible."

78. p. 199. "L'innocence est le premier charme de la beauté, et rien ne retrace l'innocence comme le remords."

79. p. 199. "Les consolations nous viennent plutôt des autres que de nos propres réflexions."

80. p. 200. "Quelque ingénieux que nous soyons à nous séduire et à nous aveugler nous-mêmes, nous ne pouvons jamais écarter absolument les traits de la vérité; et personne ne s'engage innocemment dans la voie du crime."

81. p. 200. "D'ailleurs, à force d'entendre le récit des moeurs les plus dépravées, on peut se familiariser avec leur idée, et le crime en fait moins d'horreur."

82. pp. 200-1. "Les gens du monde, emportés dans leurs passions, échouent souvent par leur imprudence. La violence de leurs désirs les aveugle, et leur impatience les empêche de prévoir les moyens ou de saisir les occasions de réussir dans leurs desseins, qu'ils laissent trop connaître."

83. p. 202. "Il faut, lui disait-il, recevoir avec une résignation parfaite tout ce qui vient de Dieu. Il ne fait rien que pour sa gloire et pour notre salut; soit bienfaits, soit adversités, de sa main tout est grâce. Il n'y a point de malheur qui, dans quelques unes de ces circonstances, ne porte avec lui un motif de consolation."

84. p. 202. "Il ne faut jamais compter sur la vertu humaine, une telle confiance en sa propre force serait un orgueil trop criminel."

85. pp. 202-3. "Il y en a plusieurs (casuistes) qui ont penché à ne pas regarder comme un péché mortel le commerce de deux personnes libres. Il est vrai que le sentiment de ces docteurs n'a pas été admis, et je ne sais pas pourquoi; car enfin il y aurait bien moins de coupables qu'il y en a, puisque ce n'est que la loi qui fait le péché."

86. p. 205. "La plus affreuse situation n'est pas tant d'avoir épuisé le malheur que d'y être plongé, et de n'oser recourir à la plainte. Cette triste et dernière ressource des malheureux était interdite à madame de Luz; elle aurait reçu la mort comme la plus grande faveur; mais l'amour de la réputation est quelquefois plus puissant que celui de la vie."

87. p. 206. "Le crime n'est jamais plus dangereux que sous le masque de la vertu."

88. p. 206. "Les larmes sont la ressource du malheur impuissant."

MAXIMS: LETTRE À L'AUTEUR DE MADAME DE LUZ

89. p. 209. "Il est vrai que l'amour-propre de ceux qui se font imprimer est extrêmement sensible. Les auteurs exigent trop d'égards. On les choque également par une critique trop forte ou un éloge trop faible."

90. p. 209. "On se plaint d'ailleurs que l'anonyme est une espèce de guet-apens et de trahison. Il expose de fort honnêtes gens à trouver bon ou mauvais un ouvrage dont ils auraient jugé tout autrement s'ils eussent connu l'auteur."

91. pp. 209-10. "Je goûte une espèce de plaisir philosophique en voyant que tout le monde croit juger, et qu'il n'y a presque personne qui ait un sentiment à soi, et qui lui soit propre. Ce qu'il y a encore de plaisant, c'est que la plupart ont successivement plusieurs sentimens opposés, sans croire en avoir changé. Plusieurs de ceux qui passent pour donner le ton, et qui le donnent en effet, reçoivent leur sentiment de tout ce qui les entoure, et de ceux mêmes à qui ils font ensuite recevoir leur décision; et les uns et les autres sont dans la meilleure foi. Tout le monde enfin décide, et personne ne juge. Cette occasion achève de me convaincre qu'il n'y a ni particulier, ni société qui puisse faire le sort d'un ouvrage: il dépend absolument du public. C'est en vain que des sociétés établissent pour principe de leur union: 'Nul n'aura de l'esprit, hors nous et nos amis'; le public, qui n'a pas signé au traité, casse ces arrêts, et le plus souvent les ignore."

92. p. 210. "Les gens du monde se flattent que le droit de juger de tous les ouvrages de goût, est un apanage de leur état. Ils s'attribuent le goût par excellence, sans savoir précisément ce qu'ils entendent par ce terme. Il y a toujours quelque mot à la mode, et dont la signification est aussi vague que l'usage en est général. Le goût est un de ces termes favoris; on croit qu'il suffit de le prononcer pour donner bonne opinion de son esprit. Si vous vous avisiez de demander ce qu'on entend par ce terme, on vous répondrait que c'est manquer de goût que d'entreprendre de le définir; qu'il n'est fait que pour être senti, et non pas pour être expliqué. Pour moi, j'ai toujours pensé que les mots n'étaient que les signes des idées, et qu'ils n'avaient été imaginés que pour nous communiquer chacun les nôtres. Je crois que le goût peut s'expliquer comme autre chose, et qu'un être raisonnable ne doit jamais prononcer un mot sans y attacher une idée, dût-elle être fausse. On peut se détromper d'une erreur, mais il n'y a rien à attendre de celui qui ne pense pas."

93. p. 210. "Le goût me paraît un discernement prompt, vif et délicat, qui naît de la sagacité et de la justesse de l'esprit. Suivant cette idée, le goût tient encore plus à la raison qu'à l'esprit, si toutefois la sagacité de l'esprit n'en suppose pas la justesse, puisque nos erreurs ne viennent que de ce que nous portons un jugement sans connaître parfaitement le sujet qui en fait la matière. Si nous apercevions distinctement un objet sous toutes ses faces et ses différens rapports, le jugement que nous en porterions serait toujours juste. Ce sont donc les lumières de l'esprit qui doivent en faire la justesse; et l'esprit n'est jamais faux que parce qu'il est borné: cette justesse de l'esprit est le principe du goût. Ainsi lorsqu'on prétend que le goût est supérieur à l'esprit, c'est simplement dire qu'un esprit supérieur l'emporte sur un esprit plus borné."

94. p. 211. "Le goût est un heureux don de la nature qui se perfectionne par l'étude et par l'exercice. Il aperçoit d'un coup d'oeil des défauts et les beautés d'un ouvrage. Il les compare, les balance, les apprécie et les juge; mais cet examen et ce jugement sont si fins et si prompts, qu'ils paraissent plutôt l'effet du sentiment et d'une espèce d'instinct que de la discussion."

95. p. 211. "Le goût n'est point assujéti aux bizzarreries de la mode. Il ne se trouve d'accord avec elle que lorsqu'elle est raisonnable. S'il approuve ou s'il blâme des ouvrages d'un genre pareil ou différent, ce n'est point par la voie de la comparaison, guide des génies bornés, c'est toujours en conséquence d'un principe sûr et invariable. La délicatesse du goût n'est autre chose qu'une pénétration fine qui saisit et distingue les moindres nuances, soit des beautés, soit des défauts d'un ouvrage. Elle est bien différente de cette fausse délicatesse et de ce goût frivole qui ne s'occupe que de bagatelles. Le goût, qui est une qualité si rare, n'est cependant guère moins nécessaire pour juger que pour écrire. Le goût fait également les bons ouvrages et les bons critiques. Il ne serait peut-être pas difficile d'expliquer pourquoi les personnes qui ont les talens les plus brillans, et même des génies supérieurs, manquent souvent de goût."

96. p. 211. "Les grands talens ne marquent pas absolument la supériorité de l'esprit. Le talent n'est qu'une disposition naturelle pour une chose, le génie est cette même disposition dans un degré plus éminent, et soutenu d'une force d'esprit que l'inclination particulière a déterminé vers le même objet que le talent. On admire quelquefois combien ceux qui ont reçu le talent ou le génie d'une chose, sont bornés sur d'autres matières; mais si l'on y faisait attention, on trouverait toujours que ces dons se rachètent par ailleurs, et que le talent et le génie coûtent souvent plus qu'ils ne valent à ceux qui en sont doués. Il est vrai qu'il y a des génies supérieurs et heureux qui auraient réussi dans quelque genre qu'ils eussent embrassé; mais toutes leurs forces s'étant tournées et concentrées vers un seul objet, les autres genres leur deviennent presque étrangers. Lorsque notre vue est fixée vers un point, nous apercevons moins distinctement les autres objets; et les yeux de l'esprit ressemblent assez à ceux du corps. C'est ainsi que des personnes d'un génie élevé, mais qui sont plains d'intérêts puissans, et occupés par de grandes affaires, ne jugent pas toujours parfaitement des lettres ou des arts, auxquels ils ne donnent que l'attention la plus médiocre, et ne se prêtent que par délassement."

97. pp. 211-12. "Ce qu'on appelle des génies universels ne le sont que dans les dispositions, et non pas dans l'application. Il faut qu'il y ait de ces hommes rares qui se conservent au milieu de tous les talens dans une espèce d'équilibre."

98. p. 212. "Ce public ne décide pas toujours dans le premier instant. Je remarque qu'on parle quelque temps d'un livre en bien ou en mal, avant de le fixer à sa juste valeur. C'est du feu de la dispute, et, si j'ose dire, du choc des opinions que sort la lumière qui fait voir les ouvrages sous leur véritable point de vue."

99. p. 213. "Quelle que soit notre passion pour le merveilleux, elle n'étouffe pas entièrement notre amour pour la vérité. Ces deux désirs partagent notre âme. Le plaisir que nous goûtons au récit des fables, n'est troublé que par

le regret de les connaître pour ce qu'elles sont. Il est aisé de remarquer combien notre plaisir augmente de vivacité lorsqu'on nous raconte du merveilleux dont nous pouvons être dupes."

100. pp. 213-4. "Comme jamais les hommes ne gardent de mesure en rien, les romans devinrent si extravagans, qu'ils tombèrent dans le mépris. Dès lors on exigea plus de vraisemblance; et bientôt, pour plaire, il fallut que le roman prît le ton de l'histoire, et cherchât à lui ressembler. Ce fut une espèce d'hommage que le mensonge rendit à la vérité, et l'histoire rentra presque dans ses droits sous un nom supposé. On veut que chaque aventure soit vraisemblable en elle-même, et que le roman ne s'éloigne de la vraisemblance qu'en rapprochant en un court espace de temps des situations qui ne sont pas si pressées ni si fréquentes dans la nature, et qui seraient par conséquent plus éparses dans l'histoire. C'est ainsi qu'on resserre au théâtre, dans l'espace d'une ou deux heures, la représentation d'une action qui en exigerait vingt-quatre. Telle est la seule différence qui devrait se trouver entre le roman et l'histoire."

101. p. 214. "Les hommes, en général, ne cherchent point avec tant de zèle la perfection les uns des autres; ceux qui veulent donner des leçons ont moins dessein d'instruire que de prouver leur supériorité. Il y a un désir qui nous est plus naturel, c'est celui de plaire et d'amuser. Il faut même que nous le remarquions dans tous les hommes; car nous aimons et recherchons tous ceux qui nous amusent, sans en être plus reconnaissans: nous supposons apparemment qu'ils sont assez payés du plaisir qu'ils nous causent par celui qu'ils éprouvent eux-mêmes. Ne serait-ce point encore la raison pour laquelle toutes les professions qui contribuent aux plaisirs de la société sont également chéries et méprisées?"

102. p. 215. "Il est fâcheux que ce terme soit relatif, c'est-à-dire que ce qui est très-simple pour les personnes accoutumées à penser, soit métaphysique pour ceux qui ne sont pas dans l'habitude de réfléchir."

MAXIMS: *CONFESSIONS DU COMTE DE* ***

1. p. 218. "Comme chaque vice et chaque ridicule sont communs à plusieurs personnes, il est impossible de peindre des caractères, sans qu'il s'y trouve quelques traits de ressemblance avec ceux mêmes qui n'en ont pas été les objets."

2. p. 220. "On aime naturellement les jeunes gens, et les femmes aiment à leur procurer l'occasion et la facilité de faire voir leurs sentimens."

3. p. 221. "L'amour, me disait-elle, n'existe que dans le coeur; il est le seul principe de nos plaisirs, c'est en lui que se trouve la source de nos sentimens et de la délicatesse."

4. p. 221. "Un jeune homme est charmé de se croire quelque chose dans la société."

5. p. 224. "Chez les femmes du monde, plusieurs choses qui paraissent différentes produisent les mêmes effets, et la vanité les gouverne autant que l'amour."

6. p. 224. "De mal que l'on nous dise d'une maîtresse n'est pas si dangereux par les premières impressions, que par les prétextes qu'il fournit dans la suite aux dégoûts et à toutes les injustices des amans."

7. p. 224. "C'est en vain qu'on veut s'aveugler pour séparer la probité du commerce des femmes."

8. p. 224. "Les femmes n'ont point de plus grands ennemis que les femmes."

9. p. 226. "Une différence de religion chez des peuples qui ont peu d'étude, ne rapproche pas les esprits."

10. p. 227. "Que la voix d'un homme qu'on aime persuade aisément."

11. p. 228. "Car la plus grande offense que l'on puisse faire à un Espagnol, c'est de refuser ce qu'il offre."

12. pp. 232-3. "La vie que l'on mène dans la garnison n'est agréable que pour les subalternes qui n'en connaissent point d'autre; mais elle est très-

ennuyeuse pour ceux qui vivent ordinairement à Paris et à la cour; le ton de la conversation est un mélange de la fadeur provinciale et de la licence des plaisanteries militaires. Ces deux choses dénuées par elles-mêmes d'agrémens, ne peuvent pas produire un tout qui soit amusant. Heureusement, ma maxime a toujours été de me faire à la nécessité, de ne rien trouver mauvais, et de préférer à tout la société présente."

13. p. 233. "Les citations du passé sont un des arts que les femmes de tout état emploient le plus volontiers."

14. p. 234. "On ne doit faire entrer aujourd'hui par une fenêtre que ceux qu'on y peut faire sortir."

15. p. 235. "Je remarquai combien la vanité d'un intendant a quelquefois à souffrir dans une ville qui sert si parfaitement à corriger les fatuités subalternes."

16. pp. 235-6. "Il n'y a point de pays où la galanterie soit plus commune qu'en France; mais les emportemens de l'amour ne se trouvent qu'avec les Italiennes. L'amour, qui fait l'amusement des Françaises, est la plus importante affaire et l'unique occupation d'une Italienne."

17. p. 236. "L'amour . . . donne et détruit les idées dans le même instant."

18. p. 237. "La curiosité n'est jamais la suite de l'indifférence."

19. p. 238. "Cette nouveauté est l'âme de l'amour."

20. p. 238. "Le bonheur de l'amour répand l'éclat et la sérénité sur tous les traits."

21. p. 241. "Les femmes, à Paris, communiquent moins généralement entre elles que les hommes. Elles sont distinguées en différentes classes qui ont peu de commerce les unes avec les autres. Chacune de ces classes a ses détails de galanterie, ses décisions, sa bonne compagnie, ses usages et son ton particulier; mais toutes ont le plaisir pour objet, et c'est là le charme du séjour de Paris."

22. p. 242. "Mais elle était jolie et brillante, il n'en faut pas tant dans le monde pour être recherchée."

23. p. 244. "Je remarquai d'abord que madame de Gremonville, outre la considération qu'elle avait dans le public, avait pris un empire absolu sur l'esprit de son mari. La dévotion est un moyen sûr pour y parvenir. Les vraies dévotes sont assurément très-respectables et dignes des plus grands éloges; la douceur de leurs moeurs annonce la pureté de leur âme et le calme de leur conscience; elles ont pour elles-mêmes autant de sévérité que si elles ne pardonnaient rien aux autres, et elles ont autant d'indulgence que si elles avaient toutes les faiblesses. Mais les femmes qui usurpent ce titre, sont extrêmement impérieuses. Le mari d'une fausse dévote est obligé à une sorte de respect pour elle, dont il ne peut s'écarter, quelque mécontentement qu'il éprouve, s'il ne veut avoir affaire à tout le parti."

24. p. 244. "Les visites des prisonniers, celles des hôpitaux, un sermon ou quelque service dans une église éloignée, donnent cent prétextes à une dévote pour se faire ignorer, et pour calmer les discours, quand par hasard elle est reconnue. Dès que le rouge est quitté, et que par un extérieur d'éclat une femme est déclarée dévote, elle peut se dispenser de se servir de son carosse; il lui est libre de ne se point faire suivre par ses gens, sous prétexte de cacher ses bonnes oeuvres; ainsi, maîtresse absolue de ses actions, elle traverse tout Paris, va à la campagne seule, ou tête à tête avec un directeur. C'est ainsi que, la réputation étant une fois établie, la vertu, ou ce qui lui ressemble, devient la sauvegarde du plaisir."

25. p. 246. "Les valets d'une dévote ne sont point dans sa confidence; ils sont modestes et sages, et n'ont aucune des insolences que leur donne ordinairement le secret de leur maîtresse."

26. p. 246. "Une dévote emploie pour son amant tous les termes tendres et onctueux du dictionnaire de la dévotion la plus affectueuse et la plus vive."

27. p. 247. "D'ailleurs un des grands avantages que les gens de robe retirent de leur profession, est d'apprendre, aux dépens des autres, à fuir les procès."

28. pp. 247-8. "La hauteur de la robe est fondée, comme la religion, sur les anciens usages, la tradition et les livres écrits. La robe a une vanité qui la sépare du reste du monde; tout ce qui l'environne la blesse. Elle a toujours été inférieure à la haute noblesse; c'est de là que plusieurs sots et gens obscurs, qui n'auraient pas pu être admis dans la magistrature, prennent droit d'oser la mépriser aussitôt qu'ils portent une épée: c'est le tic commun du militaire de la plus basse naissance. Cela n'empêche pas qu'il n'y ait dans la robe plusieurs familles qui feraient honneur à quantité de ceux qui se donnent pour gens de condition. Il est vrai qu'on y distingue deux classes: l'ancienne qui a des illustrations, et qui tient aux premières maisons du royaume, et celle de nouvelle date, qui a le plus de morgue et d'arrogance. La robe se regarde avec raison au-dessus de la finance, qui l'emporte par l'opulence et le brillant, et qui devient à son tour la source de la seconde classe de robe. Le peuple a pour les magistrats une sorte de respect dont le principe n'est pas bien éclairci dans sa tête; il les regarde comme ses protecteurs, quoiqu'ils ne soient que ses juges.
 La plupart des gens de robe sont réduits à vivre entre eux, et leur commerce entretient leur orgueil. Ils ne cessent de déclamer contre les gens de la cour, qu'ils affectent de mépriser, quoiqu'ils vous étourdissent sans cesse du nom de ceux à qui ils ont l'honneur d'appartenir. Il ne meurt pas un homme titré, que la moitié de la robe n'en porte le deuil: c'est un devoir qu'elle remplit au centième degré; mais il est rare qu'un magistrat porte celui de son cousin l'avocat. Les sollicitations ne les flattent pas tous également; les sots y sont extrêmement sensibles; les meilleurs juges et les plus sensés s'en trouvent importunés, et, pour l'ordinaire, elles sont assez inutiles.

En général, la robe s'estime trop, et l'on ne l'estime pas assez. Les femmes de robe qui ne vivent qu'avec celles de leur état, n'ont aucun usage du monde, ou le peu qu'elles en ont est faux. Le cérémonial fait leur unique occupation; la haine et l'envie, leur seule dissipation."

29. p. 248. "Paris est le centre de la dissipation, et les gens les plus oisifs par goût et par état y sont peut-être les plus occupés."

30. p. 250. "Une petite maison n'est aujourd'hui, pour bien des gens, qu'un faux air, et un lieu où, pour paraître chercher le plaisir, ils vont s'ennuyer secrètement un peu plus qu'ils ne feraient en restant tout uniment chez eux. Il me semble que ceux qui ont imaginé les petites maisons n'ont guère connu le coeur. Elles sont la perte de la galanterie, le tombeau de l'amour, et peut-être même celui des plaisirs."

31. pp. 251-2. "Je fus bientôt convaincu que le monde ne diffère que par l'extérieur, et que tout se ressemble au fond. Les tracasseries, les ruptures et les manéges sont les mêmes. J'ai remarqué aussi que les marchands, qui s'enrichissent par le commerce, se perdent par la vanité. Les fortunes que certaines familles ont faites, les portent à ne point élever leurs enfans pour le commerce. De bons citoyens et d'excellens bourgeois, ils deviennent de plats anoblis. Ils aiment à citer les gens de condition, et font sur leur compte des histoires qui n'ont pas le sens commun. Leurs femmes, qui n'ont pas moins d'envie de paraître instruites, estropient les noms, confondent les histoires, et portent des jugemens véritablement comiques pour un homme instruit. Ces mêmes femmes, croyant imiter celles du monde, et pour n'avoir pas l'air emprunté, disent les mots les plus libres, quand elles sont dans la liberté d'un souper de douze ou quinze personnes. D'ailleurs elles sont solides dans leurs dépenses, elles boivent et mangent par état; l'occupation de la semaine leur impose la nécessité de rire et d'avoir les jours de fêtes une joie bruyante, éveillée et entretenue par les plus grosses plaisanteries. J'ai mis à profit pour le monde la société de madame Pichon; je l'ai toujours comparée à une excellente parodie qui jette un ridicule sur une pièce qui a séduit par un faux brillant."

32. p. 253. "Un jeune homme à la mode, car j'en avais déjà la réputation, se croirait déshonoré s'il demeurait quinze jours sans intrigue, et sans voir le public occupé de lui."

33. p. 254. "On partage le ridicule de ce qu'on aime."

34. p. 254. "Il faut non-seulement se marier au goût du public, mais encore prendre une maîtresse qui lui convienne."

35. p. 255. "C'est l'usage parmi les amans de profession, d'éviter de rompre totalement avec celles qu'on cesse d'aimer. On en prend de nouvelles, et on tâche de conserver les anciennes; mais on doit surtout songer à augmenter la liste."

36. p. 256. "Il est rare que les absens trouvent des défenseurs, et l'on n'ap-

plaudit que trop lâchement aux propos étourdis d'une jolie femme. J'ai toujours été assez réservé sur cette matière; mais l'homme le plus en garde n'est jamais parfaitement innocent à cet égard."

37. p. 256. "La coquette la plus sage est quelquefois plus dangereuse dans la société que la femme la plus perdue."

38. p. 257. "Les plaisirs des Anglais, en général, sont tournés du côté d'une débauche qui a peu d'agrément, et leur plaisanterie ne nous paraîtrait pas légère. Les femmes ne sont pas, comme en France, le principal objet de l'attention des hommes, et l'âme de la société."

39. p. 260. "Les menaces de la politique sont assez communément sérieuses."

40. p. 261. "On contracte en Angleterre un air sérieux que l'on porte jusque dans les plaisirs; le mal m'avait un peu gagné; l'air et le commerce de France sont d'excellens remèdes contre cette maladie."

41. p. 261. "Je vis bien qu'on peut compter sur la constance des femmes, quand on n'en exige pas même l'apparance de la fidélité."

42. p. 261. "Un homme à la mode ne doit jamais entreprendre que des conquêtes sûres."

43. p. 262. "Madame de Tonins me dit que le jeu était absolument banni de chez elle, qu'il ne convenait qu'à ceux qui ne savent ni penser ni parler. C'est, ajouta-t-elle, un amusement que l'oisiveté et l'ignorance ont rendu nécessaire. Ce discours était fort sensé; mais malheureusement madame de Tonins et sa société étaient, malgré tout leur esprit, souvent dans le cas d'avoir besoin du jeu, et ils éprouvaient que la nécessité d'avoir toujours de l'esprit, est aussi importune que celle de jouer toujours."

44. p. 263. "L'opinion nous détermine presque aussi souvent que l'amour."

45. p. 264. "Une femme n'a point alors d'autre parti à prendre que le bel esprit ou la dévotion."

46. p. 264. "Mais j'étais peu sensible à la gloire du bel esprit. Autrefois les gens de condition n'osaient y aspirer; ils sentaient qu'ils ne prenaient pas assez soin de cultiver leur esprit pour la mériter; mais ils avaient une considération particulière et une espèce de respect pour les gens de lettres. Les gens de condition se sont avisés depuis de vouloir courir la carrière de bel esprit; et, ce qu'il y a de plus bizarre, c'est qu'en même temps ils y ont attaché un ridicule."

47. pp. 265-6. "Je vis clairement que les gens du monde, faute d'étude et de talent exercé, sont rarement capables de former un tout tel que le théâtre l'exige. Ils composent comme ils jouent, mal en général, et passablement dans quelques endroits. Ils ont quelques parties au-dessus des comédiens de profession; mais le total du jeu et de la pièce est toujours mauvais: l'intelligence générale de toute l'action et le concert ne s'y trouvent jamais."

48. p. 266. "Je m'aperçus que chaque société, et surtout celles de bel esprit, croient composer le public, et que j'avais pris pour une approbation générale le sentiment de quelques personnages que les airs imposans et la confiance de madame de Tonins avaient prévenues et séduites. Le public, loin d'y applaudir, s'en moquait hautement. Le droit usurpé de juger sans appel les hommes et les ouvrages, notre mépris affecté pour ceux qui réduisaient notre société à sa juste valeur, étaient autant d'objets qui excitaient la plaisanterie et la satire publiques."

49. p. 266. "On a dit que le dictionnaire de l'opéra ne renfermait pas plus de six cents mots; celui des gens du monde est encore plus borné. Tous ces bureaux de bel esprit ne servent qu'à dégoûter le génie, rétrécir l'esprit, encourager les médiocres, donner de l'orgueil aux sots, et révolter le public."

50. p. 266. "Je rentrai dans le monde, bien convaincu que toute société tyrannique et entêtée de l'esprit, doit être odieuse au public, et souvent à charge à elle-même."

51. pp. 266-7. "La finance n'est point du tout aujourd'hui ce qu'elle était autrefois. Il y a eu un temps où un homme, de quelque espèce qu'il fût, se jetait dans les affaires avec une ferme résolution d'y faire fortune, sans avoir d'autres dispositions qu'un fonds de cupidité et d'avarice; nulle délicatesse sur la bassesse des premiers emplois; le coeur dégagé de tous scrupules sur les moyens, et inaccessible aux remords après le succès: avec ces qualités, on ne manquait pas de réussir. Le nouveau riche, en conservant ses premières moeurs, y ajoutait un orgueil féroce dont ses trésors étaient la mesure; il était humble ou insolent suivant ses pertes ou ses gains, et son mérite était à ses propres yeux, comme l'argent dont il était idolâtre, sujet à l'augmentation et au décri.
    Les financiers de ce temps-là étaient peu communicatifs; la défiance leur rendait tous les hommes suspects, et la haine publique mettait encore une barrière entre eux et la société.
    Ceux d'aujourd'hui sont très-différens. La plupart, qui sont entrés dans la finance avec une fortune faite ou avancée, ont eu une éducation soignée, qui, en France, se proportionne plus aux moyens de se la procurer qu'à la naissance. Il n'est donc pas étonnant qu'il se trouve parmi eux des gens fort aimables. Il y en a plusieurs que aiment et cultivent les lettres, qui sont recherchés par la meilleure compagnie, et qui ne reçoivent chez eux que celle qu'ils choisissent.
    Le préjugé n'est plus le même à l'égard des financiers: on en fait encore des plaisanteries d'habitude, mais ce ne sont plus de ces traits qui partaient autrefois de l'indignation que les traités et les affaires odieuses répandaient sur toute la finance."

52. p. 267. "La finance est absolument nécessaire dans un Etat, et c'est une profession dont la dignité ou la bassesse dépend uniquement de la façon dont elle est exercée."

53. p. 268. "Les grandes fortunes se commencent souvent en province; mais ce n'est qu'à Paris qu'elles s'achèvent, et qu'on en jouit.

54. p. 268. "Chaque chose a sa langue."

55. p. 269. "Une financière aime à citer souvent un homme de la cour qui lui est attaché; mais il est encore plus flatteur de se faire voir avec lui en public."

56. p. 269. "Le goût pour des maîtresses doit être subordonné aux devoirs de l'amitié, on y doit être plus fidèle qu'en amour; et, lorsque j'ai voulu juger du caractère d'un homme que je n'ai pas eu le temps d'étudier, je me suis toujours informé s'il avait conservé ses anciens amis. Il est rare que cette règle-là nous trompe."

57. p. 270. "Les éloges des amans m'ont toujours étés fort suspects."

58. p. 271. "On n'est pas toujours obligé d'avoir ses parens pour amis; mais il est décent de vivre avec eux comme s'ils l'étaient, et de cacher au public toutes les dissensions domestiques."

59. p. 272. "C'est le comble du bonheur de goûter avec la même personne les plaisirs de l'amour et les douceurs de l'amitié, d'y trouver à la fois une amante tendre et une amie sûre."

60. p. 272. "L'amour est un mouvement aveugle qui ne suppose pas toujours du mérite dans son objet. On n'est heureux que par l'opinion, et l'on ne dispose pas librement de son coeur; mais on est comptable de l'amitié. L'amour se fait sentir, l'amitié se mérite: elle est le fruit de l'estime."

61. p. 272. "On est bien à plaindre, ajoutai-je, d'aimer l'objet du mépris universel; mais quand on ne saurait se guérir d'un attachement honteux, il faut du moins s'en cacher."

62. p. 273. "On doit pardonner bien des choses à l'amour."

63. p. 275. "Les préliminaires d'une intrigue ne languissent pas avec une femme consommée."

64. p. 277. "J'ai compris par cette aventure qu'il est impossible de ramener un homme subjugué, et que la femme la plus méprisable est celle dont l'empire est le plus sûr. Si le charme de la vie est de la passer avec une femme qui justifie votre goût par ses sentimens, c'est le comble du malheur d'être dans un esclavage honteux, asservi aux caprices de ces femmes qui désunissent les amis, et portent le trouble dans les familles. Les exemples n'en sont que trop communs dans Paris."

65. p. 277. "Une femme n'a pas besoin d'être bien pénétrante pour soupçonner des rivales; la multiplicité des devoirs d'un amant les empêche d'être bien vifs."

66. pp. 277-8. "Une femme de ce caractère, ou plutôt de cette espèce, n'a ni principes, ni passions, ni idées. Elle ne pense point, et croit sentir; elle a

l'esprit et le coeur également froids et stériles. Elle n'est occupée que de petits objets, et ne parle que par lieux communs, qu'elle prend pour des traits neufs. Elle rappelle tout à elle, ou à une minutie dont elle sera frappée. Elle aime à paraître instruite, et se croit nécessaire. La tracasserie est son élément; la parure, les décisions sur les modes et les ajustemens font son occupation. Elle coupera la conversation la plus importante pour dire que les taffetas de l'année sont effroyables, et d'un goût qui fait honte à la nation. Elle prend un amant comme une robe, parce que c'est l'usage. Elle est incommode dans les affaires, et ennuyeuse dans les plaisirs. La caillette de qualité ne se distingue de la caillette bourgeoise que par certains mots d'un meilleur usage et des objets différens; la première vous parle d'un voyage de Marly, et l'autre vous ennuie du détail d'un souper du Marais. Qu'il y a d'hommes qui sont caillettes!"

67. p. 278. "Une femme dont la maison est livrée au jeu, s'engage ordinairement à plus d'un métier."

68. p. 278. "Il n'y a point de mauvaise compagnie en femmes qu'on ne puisse désavouer suivant les différentes circonstances; mais on doit être plus délicat sur les liaisons avec les hommes."

69. p. 279. "On n'est point impunément un homme à la mode. Il suffit d'être entré dans le monde sur ce ton-là, pour continuer d'y être, lors même qu'on ne le mérite plus. Aussitôt qu'un homme parvient à ce précieux titre, il est couru de toutes les femmes, qui sont plus jalouses d'être connues qu'estimées. Ce n'est sûrement pas l'estime, ce n'est pas même l'amour qui les détermine; c'est par air qu'elles courent après un homme qu'elles méprisent souvent, quoiqu'elles le préfèrent à un amant qui n'a d'autres torts que d'être un honnête homme ignoré."

70. p. 280. "Les filles qui vivent de leurs attraits ont la même ambition que les femmes du monde; non-seulement la conquête d'un homme célèbre met un plus haut prix à leurs charmes, mais cela les élève encore à une sorte de rivalité avec certaines femmes de condition qui n'ont que trop de ressemblance avec elles, de sorte que vous entendez souvent citer les mêmes noms par des femmes qui ne seraient pas faites pour avoir les mêmes connaissances. . . . Ces tristes victimes de nos fantaisies et de nos caprices m'ont toujours offert l'image du malheur, et jamais celle du plaisir."

71. p. 281. "Combien notre vertu dépend de notre situation."

72. p. 283. "L'innocence est souvent plus hardie que le vice n'est entreprenant."

73. p. 284. "L'amour était né de l'inclination, fortifié par l'habitude, peut-être même par le malheur, qui unit de plus en plus ceux qui n'ont d'autre ressource que leur coeur."

74. p. 284. "On n'est point vertueux sans fruit."

75.   pp. 284-5. "Il n'y a que l'amour qui puisse trouver du superflu dans un nécessaire aussi borné."

76.   p. 285. "L'auteur d'un bienfait est celui qui en recueille le fruit le plus doux."

77.   p. 287. "Que les femmes ne se plaignent point des hommes, ils ne sont que ce qu'elles les ont faits."

78.   p. 288. "Voilà ce qu'il y a de commode avec ceux qui ne sont liés que par les plaisirs: ils se rencontrent avec plus de vivacité qu'ils n'ont d'empressement à se rechercher; ils se prennent sans se choisir, se perdent sans se quitter, jouissent du plaisir de se voir sans jamais se désirer, et s'oublient parfaitement dans l'absence."

79.   p. 288. "Une femme n'en est jamais offensée; mais l'aveu (de l'amour) peut lui en déplaire, parce qu'il exige du retour, et suppose toujours l'espérance de l'obtenir."

80.   p. 288. "La dissipation est moins la marque du plaisir que l'inquiétude d'un homme qui le cherche sans le trouver."

81.   p. 289. "L'honnête homme dont vous parlez, et tel qu'on l'entend, est encore bien éloigné d'un amant parfait; et celui dont la probité est la plus reconnue, n'est peut-être jamais ni sans reproche, ni sans tache aux yeux d'une femme, je ne dis pas éclairée, mais sensible. Elle est souvent réduite à gémir en secret; son amant est irrépréhensible dans le public, elle n'en est que plus malheureuse."

82.   p. 290. "Quand cette passion est une fois entrée dans le coeur, notre âme ne reçoit plus d'autres sentimens qu'ils ne servent encore à fortifier l'amour."

83.   p. 290. "Une femme qui parle souvent des dangers de l'amour, s'aguerrit sur les risques, et se familiarise avec la passion; c'est toujours parler de l'amour, et l'on n'en parle guère impunément."

84.   p. 290. "Les caresses de l'amitié peuvent échauffer le coeur, et faire naître l'amour."

85.   p. 290. "L'amour qui ne révolte pas d'abord, devient bientôt contagieux."

86.   p. 293. "Les amans seraient trop heureux que leurs désirs fussent entretenus par des obstacles continuels; il n'est pas moins essentiel, pour le bonheur, de conserver des désirs que de les satisfaire."

87.   p. 296. "La constance n'est pas loin de s'altérer quand on la veut réduire en principes."

88.   p. 296. "Il faut qu'il y ait en nous-mêmes un sentiment plus pénétrant que l'esprit même, et qui nous absout ou nous condamne avec l'équité la plus éclairée. Il y a, si j'ose dire, une sagacité du coeur qui est la mesure de notre sensibilité."

89. p. 297. "Mais je ne manquais jamais d'aller souper avec elle que je n'en sentisse quelques remords, et on ne les sent point sans les mériter; quand on s'examine bien scrupuleusement, on en trouve les motifs."

90. p. 297. "L'habitude de les mériter les fait bientôt perdre (les remords)."

91. p. 297. "Nous chérissons machinalement ceux qui nous épargnent des torts, et encore plus ceux qui les excusent."

92. p. 297. "Le temps qu'on ne donne qu'au devoir paraît toujours fort long."

93. p. 298. "Les amans qui ont usé le premier feu de la passion, sont charmés qu'on coupe la longueur du tête-à-tête."

94. p. 298. "Il y a des femmes qui, en faisant des agaceries, n'ont d'autre objet que d'engager un amant; quelquefois c'est une simple habitude de coquetterie. Il y en a d'autres qui seraient insensibles au plaisir de s'attacher à un homme, si elles ne l'arrachaient à une maîtresse."

95. p. 298. "Un commerce peut être secret; mais il n'y en a point d'ignoré."

96. p. 299. "L'état le plus incommode pour un honnête homme, est de ne pouvoir pas accorder son coeur avec sa conduite."

97. p. 299. "Le plaisir imite un peu l'amour."

98. p. 300. "Les feux de l'amour, une fois amortis, ne produisent plus d'embrasemens."

99. p. 300. "Le bonheur ou le malheur de la vie dépend plus de ces petits intérêts frivoles en apparence, que des affaires les plus importantes."

100. p. 301. "Indépendamment des égards dus à la condition, ceux qui partent du coeur ont un caractère distinctif."

101. p. 301. "Je comptais en vain profiter de son peu d'esprit pour excuser sur la naissance et l'amitié mes attentions pour madame de Selve: je m'abusais; toutes les femmes ont de l'esprit dans ces occasions; et sur cette matière, la vanité les éclaire et, qui pis est, les rend injustes."

102. p. 305. "Vous m'avez été infidèle, vous le seriez encore: il est possible de ne jamais l'être; mais il est sans exemple qu'on ne le soit qu'une fois."

103. p. 305. "Les plaintes et les reproches ne ramènent personne."

104. p. 305. "Je vois que la constance n'est pas au pouvoir des hommes, et leur éducation leur rend l'infidélité nécessaire. Leur attachement dépend de la vivacité de leurs désirs: quand la jouissance, quand la confiance d'une femme, qui n'est crédule que parce qu'elle aime, les a éteints, ce n'est pas l'estime, ce n'est pas même l'amour qui les rallume, c'est la nouveauté d'un autre objet. D'ailleurs le préjugé encourage les hommes à l'infidélité, leur honneur n'en est point offensé, leur vanité en est flattée, et l'usage les autorise."

105.   p. 305. "Il est toujours cruel d'avoir à combattre son coeur."

106.   p. 306. "Il est si rare que l'amitié survive ou succède à l'amour."

107.   p. 307. "Si je suivais votre exemple, vous ne pourriez pas raisonnablement me blâmer. La nature n'a pas donné d'autres droits aux hommes qu'aux
femmes; cependant vous auriez la double injustice de condamner en moi ce
que vous vous pardonnez. Ce qui doit principalement vous rendre la tranquillité à cet égard, c'est que les femmes, avec plus de tendresse dans le
coeur que les hommes, ont les désirs moins vifs. Les reproches injurieux
qu'on leur fait, injustes en eux-mêmes, doivent plutôt leur origine à des
hommes sans probité et maltraités des femmes, qu'à des amans favorisés.
Pour moi, je vous avoue que je suis fort peu sensible au plaisir des sens; je
ne les aurais jamais connus sans l'amour. J'ajouterai que les sens n'exigent
que ce qu'on a coutume de leur donner, et que les hommes mêmes sont
souvent plus occupés à les irriter qu'à les satisfaire."

108.   p. 308. "L'habitude, qui diminue le prix de la beauté, ajoute au caractère, et ne sert qu'à nous attacher."

109.   p. 309. "Les deux sexes ont en commun les vertus et les vices. La vertu
a quelque chose de plus aimable dans les femmes, et leurs fautes sont plus
dignes de grâce par la mauvaise éducation qu'elles reçoivent. Dans l'enfance
on leur parle de leurs devoirs, sans leur en faire connaître les vrais principes;
les amans leur tiennent bientôt un langage opposé. Comment peuvent-elles
se garantir de la séduction? L'éducation générale est encore bien imparfaite,
pour ne pas dire barbare; mais celle des femmes est la plus négligée; cependant il n'y a qu'une morale pour les deux sexes."

MAXIMS: *ACAJOU ET ZIRPHILE*

1. p. 393. "L'esprit ne vaut pas toujours autant qu'on le prise; l'amour est un bon précepteur; la Providence sait bien ce qu'elle fait; c'est le but moral de ce conte; il est bon d'en avertir le lecteur, de peur qu'il ne s'y méprenne. Les esprits bornés ne se doutent jamais de l'intention d'un auteur, ceux qui sont trop vifs l'exagèrent; mais ni les uns ni les autres n'aiment les réflexions: c'est pourquoi j'entre en matière."

2. p. 393. "Ils avaient tous deux peu d'esprit: la qualité de génie ou de fée ne donne que la puissance; et la méchanceté se trouve encore plus avec la sottise qu'avec l'esprit."

3. p. 393. "Harpagine passait pour avoir plus d'esprit, parce qu'elle était plus méchante: ces deux qualités se confondent encore aujourd'hui."

4. p. 393. "La postéromanie est le tic commun des grands; ils aiment leur postérité, et ne se soucient point de leurs enfans."

5. p. 394. "Quelque aveugle que soit l'amour-propre, on connaît bientôt ses défauts, quand l'intérêt s'en mêle."

6. p. 394. "Les préjugés de l'enfance sont presque invincibles."

7. p. 394. "Et l'on fait plus pour ceux que l'on craint, que pour ceux que l'on estime."

8. p. 395. "Un homme de ceux qu'on appelle raisonnables, aurait été plus aisé à séduire; mais la nature éclairée donne à ceux qu'elle n'a pas encore livrés à la raison un instinct plus sûr, qui les avertit de ce qui leur est contraire."

9. p. 397. "On a conservé de nos jours, par sottise, ce que la fée avait inventé par malice."

10. p. 397. "Heureux dédommagement! après les bonnes leçons, ce qu'il y a de plus instructif, sont les ridicules."

11. pp. 397-8. "L'on s'entendait à merveille, ou l'on ne s'entendait pas, ce qui revient au même pour les esprits brillans; l'exagération était la figure

favorite et à la mode: sans avoir de sentimens vifs, sans être occupé d'objets importans, on en parlait toujours le langage; ... on épuisait les expressions outrées sur les bagatelles, de façon que si par hasard on venait à éprouver quelques passions violentes, on ne pouvait se faire entendre, et l'on était réduit à garder le silence; ce qui donna occasion au proverbe: 'Les grandes passions sont muettes.' "

12.   p. 398. "Il faut un peu connaître le vice pour en redouter les piéges."

13.   p. 398. "Les hommes sont gouvernés par leurs sens avant de connaître leur coeur; mais la plupart des femmes ont besoin d'aimer, et seraient rarement séduites par les plaisirs, si elles n'étaient pas entraînées par l'exemple."

14.   pp. 398-9. "Acajou ... était déjà dans sa quinzième année. Il commençait à ressentir ces désirs naissans de la nature qui, sans avoir d'objet déterminé, en cherchent un partout; il s'apercevait déjà qu'il avait un coeur dont les sens ne sont que les interprètes. Il éprouvait cette mélancholie qu'on pourrait mettre au rang des plaisirs, quoiqu'elle en fasse désirer de plus vifs."

15.   p. 399. "Les caresses offertes réussissent rarement, et il est encore plus rare qu'on les offre, quand elles méritent d'être recherchées."

16.   p. 399. "Le génie ... y fut reçu avec cette espèce de politesse qu'on a pour tous les grands, et qui n'engage point à l'estime."

17.   p. 399. "Il y a des ridicules qui ne vont pas à toutes sortes de figures, il y en a même de compatibles avec les grâces, et Podagrambo ne brillait pas par ceux-là: plus il voulait faire le fat, plus il prouvait qu'il n'était qu'un sot."

18.   p. 399. "Il se tourmentait donc à chercher tous les moyens de plaire; malheureusement, plus on les cherche, moins on les trouve."

19.   p. 400. "Un tic assez ordinaire aux sots est de penser fort avantageusement d'eux-mêmes, et de croire que les autres en parlent mal."

20.   p. 400. "La langue du coeur est universelle: il ne faut que de la sensibilité pour l'entendre et pour la parler."

21.   p. 400. "La curiosité est le fruit des premières connaissances."

22.   p. 401. "L'amour est confiant dans ses désirs, et timide dans ses plaisirs."

23.   p. 401. "Le plaisir embellit, et l'amour éclaire."

24.   p. 402. "Cette dernière qualité (méchanceté) fait souvent respecter ce qu'on est obligé de hair."

25.   p. 402. "Quel bonheur de s'instruire par les plaisirs."

26.   p. 402. "Les amans, comme les voleurs, prennent d'abord des précautions superflues, ils les négligent par degrés, ils oublient les plus nécessaires, et sont pris."

27.   p. 402. "Les sots ne vivent que des fautes des gens d'esprit."

28. p. 402. "L'égalité ne subsiste point avec la passion."

29. p. 403. "Une première aventure qui inspire la fatuité à un jeune homme, rend la fausseté nécessaire aux femmes: on a obligé un sexe à rougir de ce qui fait la gloire de l'autre."

30. p. 403. "Tous ces petits soins d'amans vulgares sont des formalités frivoles qui ne font que retarder le plaisir sans le rendre plus vif."

31. p. 403. "Il faut avouer que l'amour donne bien de l'esprit aux femmes."

32. p. 403. "Les consolateurs ne sont jamais plus éloquens que lorsqu'ils ne sont pas affligés eux-mêmes."

33. p. 404. "Plus les femmes ont hasardé, plus elles sont prêtes à sacrifier encore."

34. p. 405. "Ninette ... croyait que le véritable amour est toujours respectueux, et que plus un amant désire, moins il ose entreprendre. La maxime est délicate, mais je ne la crois pas absolument sûre; cependant elle ne fut pas contredite par l'événement."

35. p. 406. "Le malheur de ces gens qui savent tout, est de ne jamais rien prévoir."

36. p. 406. "On était encore dans ce premier mouvement d'une nouvelle de cour, où tout le monde parle sans rien savoir, où l'on raconte des circonstances en attendant qu'on sache le fait, et où l'on dit tant de paroles et si peu de choses."

37. p. 411. "Le véritable (amour) ne subsiste qu'avec raison."

38. p. 411. "C'est assez souvent sous ce point de vue (sans compassion) que l'esprit sans jugement envisage le malheur d'autrui."

39. p. 411. "La constance sans bonheur était la vertu d'un sot."

40. p. 411. "L'objet présent l'emporte toujours sur l'absent chez les esprits vifs."

41. p. 412. "Il semblait que le plus grand bonheur qui put arriver à un prince fut de perdre la raison."

42. p. 412. "Acajou, n'ayant plus d'amour, devint l'amant déclaré de toutes les femmes: la fureur des bonnes fortunes s'unit facilement à la folie."

43. p. 412. "Ceux qui emploient le plus mal leur temps sont ceux qui en ont le moins de reste."

44. p. 413. "Le propre de l'esprit seul est d'exciter d'abord l'admiration, et de fatiguer ensuite ses propres admirateurs."

45. p. 414. "L'esprit se laisse plus séduire par l'amour-propre que persuader par la raison."

46.   p. 414. "Il sentit un vide dans son coeur, que l'amour seul pouvait remplir. Le malheur des coeurs qui ont aimé est de ne rien trouver qui remplace l'amour."

47.   p. 416. "L'amour s'affaiblit par l'absence, et . . . la folie se gagne par la contagion."

48.   p. 416. "Il ne faut pas toujours écouter les plaintes de la pudeur; celle qui naît de l'amour pardonne aisément des transports qu'elle est obligée de s'interdire."

49.   p. 416. "Les amans et les princes ne craignent rien."

MAXIMS: *MÉMOIRES SUR LES MOEURS DE CE SIÈCLE*

1. p. 312. "L'amour, la galanterie, et même le libertinage, ont de tout temps fait un article si considérable dans la vie de la plupart des hommes, et surtout des gens du monde, que l'on ne connaîtrait qu'imparfaitement les moeurs d'une nation, si l'on négligeait un objet si important."

2. p. 313. "Les jeunes gens, occupés de leurs exercices, vivaient entre eux; et ne commençaient à paraître que pour rendre des devoirs. Ils étaient obligés d'avoir un maintien décent, et d'écouter jusqu'à ce qu'ils eussent perdu leur ton pour en prendre un plus convenable."

3. p. 314. "L'amour a toujours été très-rare, du moins celui qui mérite le nom de sentiment; cependant je suis persuadé qu'il l'était moins autrefois qu'aujourd'hui. Les hommes ont toujours eu les mêmes passions; mais celles qui nous sont les plus naturelles prennent, suivant les lieux et le temps, différentes manières d'être qui influent sur la nature même de ces passions."

4. p. 314. "Cette fougue des sens qui nous emporte dans la première jeunesse, et qui se calme et se dissipe enfin dans un âge plus ou moins avancé, est commune à tous les hommes, et les porte vers le même but; mais ce désir ardent est rarement uni à celui de plaire, au lieu qu'il faisait une partie essentielle des anciennes moeurs. Il avait fait naître une politesse délicate qui s'est perdue. On en voit encore des vestiges dans ceux qui ont été les hommes à la mode de leur temps. Un esprit de galanterie fait leur caractère particulier, et leur fait dire des choses fines et flatteuses, que nos hommes brillans d'aujourd'hui, même ceux qui leur sont supérieurs par l'esprit, auraient de la peine à imiter. Ils ont trouvé plus commode de les tourner en dérision, que d'y atteindre, Ils s'imaginent avoir beaucoup gagné au changement qui est arrivé; et il est certain que, toutes choses égales d'ailleurs pour le vice et pour la vertu, on a perdu bien des plaisirs en renonçant à la décence. Un coup d'oeil, une petite distinction, une légère préférence de la part de l'objet aimé, étaient des faveurs inestimables: eh! qu'importe quels soient les principes du bonheur, pourvu qu'il soit senti? Est-il pour les amans un état préférable à celui d'avoir une espérance amusée et soutenue, des désirs animés et flattés,

et de parvenir, par une gradation délicieuse, au terme du bonheur, en aiguisant les plaisirs des sens par les illusions de l'amour-propre?"

5. p. 314. "Les principes de la fatuité en France, sont aussi anciens que la monarchie; mais jusqu'à nos jours elle n'avait jamais été une science perfectionnée, comme nous la voyons."

6. p. 315. "L'âme seule fait la physionomie, la nature ne donne que les traits."

7. p. 315. "La timidité est le premier effet de l'amour-propre; le mépris pour les autres suffit souvent pour l'audace."

8. p. 316. "Il avait pour maxime qu'il n'y avait rien de plus contraire au bon ordre, que de mettre des enfans à la tête des corps, ce qui n'était pas rare alors: il ajoutait qu'après avoir parlé en citoyen contre un abus, on n'était pas obligé d'en être la dupe, sans quoi on restait, avec ses bonnes intentions, peu sûr de l'estime, et comblé de ridicules."

9. p. 316. "Ce sont les personnes naturellement sérieuses dont l'accueil est le plus sensible."

10. p. 316. "Le respect contraint l'amour: il peut le cacher; mais il ne l'éteint jamais, souvent il le rend plus vif. L'amour est comme les liqueurs spiritueuses; moins elles s'exhalent, plus elles acquièrent de force."

11. p. 316. "Les premiers désirs ne se laissent pas même apercevoir par la réflexion dans le moment où ils nous agitent. Plus on sent, moins on pense, et l'on ne réfléchit que de mémoire."

12. p. 317. "Ces détails, méprisables pour les âmes froides, sont les objets importans de celles que l'amour a unies."

13. p. 318. "Une passion cachée est un poids accablant, dont l'aveu nous soulage; il part de l'espérance, ou la fait naître."

14. p. 318. "Comme les progrès de la présomption sont fort rapides, je conçus les espérances les plus flatteuses. Ma confiance n'était pas aussi raisonnée que je la peins; les opérations de l'esprit sont moins promptes que les mouvemens du coeur et de l'amour-propre, et la passion est mieux guidée par la lumière du sentiment que par des idées suivies."

15. p. 320. "La dissipation détruit ou distrait l'amour."

16. p. 320. "On n'examine guère le principe de ses devoirs que par le désir de s'en affranchir, ou pour se justifier de les avoir déjà violés. Il y a d'ailleurs des règles de conduite qu'on taxe en vain de préjugés; je vois qu'on ne s'en écarte point sans honte, et cela me suffit: je n'ai donc pas besoin d'examiner s'ils sont raisonnables, pour savoir que je dois les respecter."

17. p. 320. "Eh! de quoi peut-on être sûr, quand on ne peut pas répondre de son coeur? J'ai peu d'expérience sur ce sujet; mais j'y suis trop intéressée

pour n'y avoir pas réfléchi avec soin depuis quelques jours. J'ai fortifié mes réflexions par l'exemple des femmes qui se sont perdues: c'est par degrés qu'elles ont passé de la vertu au déréglement. Je vois que l'innocence a des scrupules, les premières fautes donnent des remords, les dernières les font perdre, et l'on ne saurait trop tôt s'effrayer."

18. p. 321. "L'empire que le respect d'un amant délicat donne à une femme vertueuse, va jusqu'à lui soumettre les transports de l'amour."

19. p. 322. "Pour les femmes les plus raisonnables il y a bien loin du danger de succomber à la crainte, de la crainte au désir de s'arracher à l'occasion, de ce désir à la résolution, et plus loin encore de la résolution du courage qu'il faut pour l'exécuter."

20. p. 322. "Depuis que l'ivresse des passions est dissipée, j'ai quelquefois réfléchi sur l'espèce de conquêtes qui nourrit la vanité des hommes, et j'ai remarqué que la plupart des femmes qui font le sujet de leur triomphe, ont le coeur froid, les sens assez tranquilles et la tête déréglée. Ce n'est pas la raison qui détermine leur choix, ce n'est pas l'amour, ce n'est pas même le plaisir; c'est la folie qui leur échauffe l'imagination pour un homme qui devient successivement l'objet, le complice et la victime d'un caprice. Un amant leur plaît sans autre raison que de s'être présenté le premier, et il est bientôt quitté pour un second qui n'a autre mérite que d'être venu le dernier."

21. p. 322. "Ce n'était que par excès de modestie qu'on parlait de celles qu'on avait séduites, parce que la séduction suppose au moins des soins."

22. p. 323. "Je ne connais rien qui serve si bien la fatuité que la fatuité même."

23. p. 323. "Les plaisirs de l'amour en imitent le sentiment, et empêchent qu'on n'en soit tourmenté."

24. p. 324. "J'avais encore de la vertu, et il faut qu'il y ait déjà longtemps qu'on l'ait abandonnée, avant que de parler la langue du vice."

25. p. 324. "Les gens les plus déliés sont la dupe d'un appât si grossier, présenté même par un sot: comment une jeune tête présomptueuse n'en eût-elle pas été enivrée?"

26. p. 325. "Les femmes déréglées ne croient pas les aventures, parce qu'elles en sont instruites, mais parce qu'elles les supposent; c'est moins par pénétration d'esprit que par la corruption de leur coeur qu'elles devinent quelquefois juste. Elles ne peuvent pas avoir d'autres idées: et de quel droit croiraient-elles à la vertu? elles n'en ont aucun principe, et jugent d'après leur conduite et les exemples de leurs pareilles."

27. p. 326. "Le véritable amour est presque une vertu, et lorsqu'on le ressent, on n'a point de fatuité."

28. p. 326. "Les passions qui agitent les hommes se développent presque toutes dans leur coeur, avant qu'ils aient la première notion de l'amour. La

colère, l'envie, l'orgueil, l'avarice, l'ambition se manifestent dès l'enfance. Les objets en sont petits; mais ce sont ceux de cet âge: les passions ne sont pas plus violentes quand leurs objets sont plus importans; souvent elles sont moins vives, et, s'il y en a quelqu'une qui devienne plus forte qu'elle ne l'était d'abord, c'est ordinairement par l'extinction des autres qui partageaient l'âme avec elle."

29. p. 326. "L'amour se fait sentir à un certain âge; mais est-il autre chose qu'une portion du goût général que les hommes ont pour les plaisirs? L'âge où il triomphe est celui où les autres passions manquent d'occasions de s'exercer, dans l'âge où l'on est insensible à l'avarice, parce qu'on n'a rien; à l'ambition parce qu'on n'est de rien. Les passions ne se développent que par l'aliment qui leur est propre. Mais, si elles sont une fois en mouvement, elles l'emportent bientôt sur l'amour. Cette passion se détruit par son usage, les autres se fortifient; elle est bornée à un temps, les autres s'étendent sur tout le cours de la vie. L'amour enfin est un de nos besoins aussi vif et moins fréquent que les autres, rarement une passion, souvent la moins forte et le plus court des plaisirs. Ce plaisir est même dépendant de la mode. N'a-t-on pas vu un temps où la table réunissait presque tous les hommes, et où les femmes n'étaient pas comptées dans la société dont elles sont l'âme aujourd' hui, moins par l'amour que par la mode?"

30. pp. 326-7. "Si la sensation de l'amour est très-vive, le sentiment en est très-rare. On le suppose où il n'est pas, on croit même de bonne foi l'éprouver, on se détrompe par l'expérience. Combien a-t-on vu de gens épris de la plus violente passion, qui se croyaient prêts à sacrifier leur vie pour une femme, qui peut-être l'auraient fait, comme on exécute dans l'ivresse ce qu'on ne voudrait pas avouer dans un autre état; combien en a-t-on vu, dis-je, sacrifier cette même femme à l'ambition, à l'avarice, à la vanité, au bon air? Les autres passions vivent de leur propre substance; l'amour a besoin d'un peu de contradiction, qui lui associe l'amour-propre pour le soutenir. Il y a, dira-t-on, des amans qui sacrifieraient tout à leur passion: cela peut être, parce qu'il n'y a rien qui ne se trouve; mais quelle est la passion, quel est le goût sérieux ou frivole qui n'a pas ses fanatiques? La musique, la chasse, l'étude même, et mille autres choses pareilles peuvent devenir chacune la passion unique de quelqu'un, et fermer son coeur à toutes les autres. Il en est ainsi de l'amour, qui n'est pas la première passion et rarement l'unique."

31. p. 327. "Ces grands et rares sacrifices de coeur ne se voient guère que de la part des femmes; presque tous les bons procédés leur appartiennent en amour, et souvent en amitié, surtout quand elle a succédé à l'amour. Ne croyez pas que ce que je vous dis à l'avantage de mon sexe, soit l'effet d'un intérêt personnel. Je ne prétends pas en effet louer excessivement les femmes de ce qu'elles ont l'âme plus sensible, plus sincère et plus courageuse en amour que les hommes. C'est le fruit de leur éducation, si l'on peut appeler de ce nom le soin qu'on prend d'amollir leur coeur, et de laisser leur tête vide, ce qui produit tous leurs égaremens."

32. p. 327. "Les femmes ne sont guère exposées qu'aux impressions de l'amour, parce que les hommes ne cherchent pas à leur inspirer d'autres sentimens; ne tenant point à elles par les affaires, ils ne peuvent connaître que la liaison des plaisirs. Ainsi la plupart des femmes du monde passent leur vie à être successivement flattées, gâtées, séduites, abandonnées, et livrées enfin à elles-mêmes, ayant pour unique ressource une dévotion de pratique, et pleine d'ennui quand elle est sans vertu, sans ferveur ou sans intrigue."

33. p. 327. "L'amour est, dit-on, l'affaire de ceux qui n'en ont point; le désoeuvrement est donc la source des égaremens où l'amour jette les femmes. Cette passion se fait peu remarquer dans les femmes du peuple, aussi occupées que les hommes par des travaux pénibles, quoiqu'il y en ait beaucoup de plongées dans le vice, non par égarement de coeur, rarement par le goût du plaisir, et presque toujours par la misère; mais je ne parle ici que des gens du monde, ou de ceux que l'opulence et l'oisiveté mettent à portée d'en prendre les moeurs."

34. p. 328. "L'éducation des hommes, toute imparfaite qu'elle est, quant à son objet et à sa forme, a du moins l'avantage de les occuper, de remplir leurs têtes d'idées bonnes ou mauvaises, qui font diversion aux sentimens du coeur. Les affaires, les emplois et les occupations quelconques viennent ensuite, et ne laissent à l'amour qu'une place subordonnée à d'autres passions. Ce qu'ils appellent amour est l'usage de certains plaisirs qu'ils varient par dégoût et par inconstance, et auxquels on est enfin obligé de renoncer, quand ils cessent de convenir, ou qu'on n'y convient plus."

35. p. 328. "C'étaient des amans qui, tantôt ivres de plaisirs, et l'instant d'après tourmentés par des caprices, des jalousies d'humeur, ou de fausses délicatesses, passaient quelquefois un même jour en caresses, en dépits, en aigreurs, en offenses, en pardons, et se tyrannisaient mutuellement. Après avoir usé les plaisirs et les peines de l'amour, ces amans se sont heureusement trouvés dignes d'être amis; et c'est de ce moment qu'ils vivent heureux avec une confiance plus entière qu'ils ne l'auraient peut-être, s'ils n'avaient pas été amans, et avec plus de douceur et de tranquillité que s'ils l'étaient encore.

Un état si rare et si délicieux serait le charme d'un âge avancé, et empêcherait de regretter la jeunesse. La réflexion qui détruit ou affaiblit les autres plaisirs, parce qu'ils consistent dans une espèce d'ivresse, augmente et affermit celui-ci. En jouissant d'un bonheur, c'est le doubler que de le reconnaître."

36. pp. 328-9. "A l'égard de ces vieilles liaisons que le public a la bonté de respecter, faute d'en connaître l'intérieur, qu'y verrait-on si on les examinait? Des gens qui continuent de vivre ensemble, parce qu'ils y ont long-temps vécu; la force de l'habitude, l'incapacité de vivre seuls, la difficulté de former de nouvelles liaisons, l'embarras de se trouver étrangers dans la société, en retiennent beaucoup, et donnent à l'ennui même un air de constance. Ils ont cessé de se plaire, et se sont devenus nécessaires. Ils ne peuvent se quitter;

quelquefois ils ne l'oseraient: on soutient ce rôle pénible par pur respect humain. On s'est pris avec l'engouement de l'amour, on a annoncé hautement son bonheur, on a contracté un engagement devant le public, on l'a ratifié dans les occasions d'éclat: le charme se dissipe avec le temps, l'illusion cesse; on s'était regardés réciproquement comme parfaits, on ne se trouve pas même estimables; on se repent, on n'ose l'avouer; on s'opiniâtre à vivre ensemble en se détestant, et le respect humain empêche autant de ruptures que la loi empêche de divorces. Si le divorce était permis, tel le réclamerait contre un mariage, qui, dans pareille circonstance, ne romprait pas avec une maîtresse, c'est-à-dire, une vieille habitude: on ne rougit point de s'affranchir d'un esclavage reconnu; mais on a honte de se démentir sur un engagement dont on a fait gloire. Les vieilles liaisons exigent, pour être heureuses, plus de qualités estimables qu'on ne l'imagine."

37.   p. 329. "L'amour tient lieu de tout aux amans, son objet lui suffit; mais l'objet s'use, l'amour s'éteint, et il n'y a point alors d'esprits assez féconds pour aller remplacer l'illusion, et devenir une ressource contre la langueur d'une vie retirée et d'un tête-à-tête continuel. Si ces sortes d'esprits se trouvaient, il faudrait encore que les deux amans, l'eussent l'un et l'autre au même degré, sans quoi la stérilité de l'un étoufferait la fertilité de l'autre. Il n'y a que l'esprit qui serve à la longue d'aliment à l'esprit, il ne produit pas longtemps seul."

38.   p. 329. "Le tête-à-tête, tel que je le suppose, ne se soutient que par l'amitié, becaucoup d'estime réciproque, et une confiance entière, qui fait qu'on jouit de la présence l'un de l'autre, même sans se rien dire, et en s'occupant différemment. On devrait dire aux amans qui se déclarent publiquement: Faites provision de vertus pour remplacer l'amour."

39.   pp. 329-30. "On croit les hommes plus constans dans un âge avancé que dans la jeunesse. Mais cette constance n'est qu'extérieure. Dans la vieillesse, on anticipe les besoins par la crainte, on les sent par la privation; on jouit avec inquiétude, et l'on craint de laisser échapper ce qu'on n'est pas sûr de retrouver. Dans la jeunesse, on ne soupçonne guère les besoins par la prévoyance, on ne sent que les désirs; ils s'éteignent par la jouissance, et renaissent bientôt. La jeunesse désire ardemment, jouit avec confiance, se dégoûte promptement et quitte sans crainte, parce qu'elle remplace avec facilité. Voilà le secret de la légèreté d'un âge et de la constance de l'autre."

40.   p. 330. "Il y a des principes où la démonstration ne suffit pas; dans ce qui a rapport au sentiment, on ne croit que ce que l'on désire."

41.   p. 330. "Aimer, c'est de l'amitié; désirer la jouissance d'un objet, c'est de l'amour; désirer cet objet exclusivement à tout autre, c'est passion. Le premier sentiment est toujours un bien; le second n'est qu'un appétit du plaisir; et le troisième, étant le plus vif, augmente le plaisir et prépare des peines. Il y a un rapport entre l'amitié et l'amour qui est passion, c'est de se porter vers un objet déterminé, quoique ce soit par des motifs différens. Il y

a même des amitiés qui deviennent de véritables passions, et ce ne sont ni les plus sûres, ni les plus heureuses. L'amour, au contraire, tel qu'il est communément, se porte vaguement vers plusieurs objets, et peut toujours en remplacer un par un autre. Vous direz qu'un tel amour n'est pas fort délicat; non; mais il est heureux, et le bonheur fait la gloire de l'amour."

42. pp. 330-1. "La délicatesse fait honneur en amitié, parce qu'elle suppose un sentiment éclairé, aussi flatteur pour celui qui le ressent que pour celui qui l'inspire. Cette délicatesse est toujours active, et porte aux attentions pour l'objet aimé; on craint de lui manquer. En amour, elle est ordinairement passive; l'amant prétendu délicat n'a d'autre objet que lui-même; il croit qu'on n'a pas pour lui le retour qu'il mérite. On se tourmente pour faire le tourment d'autrui. Quel doit être le supplice de deux amans, s'ils ont l'un et l'autre le même travers à la fois!"

43. p. 331. "Les âmes délicates ont un double malheur; elles sont douloureusement affectées des moindres choses qui blessent ou paraissent blesser le sentiment, et sont trop difficiles sur le plaisir; elles ne peuvent le goûter s'il leur reste quelque scrupule sur le principe dont il part, et, malheureusement, elles ne sont que trop ingénieuses à s'en former. Cette délicatesse si vantée et si peu connue, n'est donc qu'un dérèglement d'imagination. Il semble qu'elle n'aiguise l'esprit que pour le rendre plus faux. Cependant, comme si l'on avait entrepris d'empoisonner tous les plaisirs, on ne s'est pas contenté d'introduire la délicatesse en amour, on y a fait encore entrer la jalousie."

44. p. 331. "La jalousie est un préjugé d'éducation, fortifié par l'habitude. Si elle était naturelle aux amans, ils seraient partout également jaloux; or il y a des peuples qui le sont beaucoup moins que d'autres, il y en a qui ne le sont point du tout, et dont les moeurs y sont absolument opposées, qui se font un honneur de ce qui serait un opprobre parmi nous. On voit encore chez une même nation des moeurs très-différentes sur cet article, suivant les différentes conditions. Par example, on n'est pas jaloux à la cour comme à la ville, la jalousie n'est plus qu'un ridicule bourgeois, et l'on trouve des bourgeois assez raisonnables, assez policés, ou assez fats pour n'être pas jaloux; car on peut s'affranchir d'une espèce de folie, par raison, ou par une folie contraire. Si ce préjugé était détruit, il se trouverait encore quelques jaloux; mais il n'y aurait que ceux qui le seraient par caractère; parce que la jalousie, c'est-à-dire l'envie, en est un, comme l'ambition, l'avarice, la paresse, la misanthropie et plusieurs autres sortes de caractères."

45. p. 331. "La jalousie est si peu un sentiment naturel, qu'elle se soumet au préjugé jusque dans la conduite. Tel homme qui serait jaloux d'un rival jusqu'à la frénésie, ne s'avise guère de l'être d'un mari. Un jaloux est intérieurement si persuadé de son injustice, qu'il y en a peu qui ne se cachent de l'être."

46. pp. 331-2. "On croit que la jalousie marque beaucoup d'amour; mais l'expérience prouve que l'amour le plus violent est ordinairement le moins

soupçonneux. La jalousie ne prouve qu'un amour faible, un sot orgueil, le sentiment forcé de son peu de mérite, et quelquefois un mauvais coeur. Par exemple, combien de fois a-t-on vu un amant dégoûté, cherchant un prétexte pour rompre, et tâchant de le faire naître à force de mauvais procédés? Dans cette situation, il devrait être charmé que quelqu'un vînt le dégager honnête-ment; mais point du tout: s'il aperçoit qu'on peut se consoler de sa perte avec un autre, sa vanité est blessée de ne pas laisser une femme dans les regrets; la jalousie, ou plutôt l'envie, le ramène pour être tyran sans être heureux. Voilà des hommes: leur amour ne vit que d'amour-propre; il n'y a que des jaloux d'orgueil."

47.   p. 332. "L'infidélité est un grand mot souvent mal appliqué. En amitié, c'est un crime; mais, si jamais nous nous trouvions simplement du goût l'un pour l'autre, je ne prétendrais pas être l'unique objet de vos attentions. Une telle prétention serait à la fois une tyrannie insupportable pour vous, et une folie cruelle pour moi-même. Jouissons toujours d'un bien, comme s'il ne devait jamais finir; et sachons le perdre, comme n'y ayant aucun droit."

48.   p. 333. "Les hommes ne sont pas dignes qu'on soit délicat sur leurs sentimens."

49.   p. 333. "Outre que je doute qu'une femme puisse être sincèrement l'amie d'une femme, elle doit toujours préférer l'amitié des hommes: il y a plus de constance, plus de sûreté et moins de gêne; et les hommes doivent trouver plus d'agrément dans celle des femmes."

50.   pp. 334-5. "L'aveu qu'elle m'avait fait est ce qui coûte le plus à une âme honnête; et quand les femmes de ce caractère ont à céder, les suites d'un tel aveu sont plus rapides avec elles qu'avec les autres."

51.   p. 335. "La première (réflexion), c'est qu'il est contre l'honneur de chercher à plaire à une femme estimable, dont on n'est pas violemment épris. Il y en a telle qui résisterait à son penchant, qui même triompherait d'une passion, si on ne l'avait pas mise en droit de se flatter d'en inspirer une pareille; et il y a des femmes perdues qui n'auraient jamais eu qu'une passion, si elles l'eussent ressentie pour un honnête homme. Après avoir été trahies, elles sont déchirées de remords, ou elles les perdent à force de mériter d'en avoir. Il est sûr que l'amour ne peut jamais procurer à une femme estimable autant de bonheur qu'il lui en fait perdre; ainsi un honnête homme ne doit pas la rendre la victime d'un goût léger et passager."

52.   p. 335. "Ma seconde réflexion est sur les différentes sortes de perfidies. Il y en a une qui consiste à noircir, par une horrible calomnie, la vertu d'une femme dont on a quelquefois essuyé des mépris; et je croyais cette noirceur fort rare. Il y en a une autre assez commune, c'est de trahir, par indiscrétion et par une fatuité ridicule, le secret et les bontés d'une malheureuse qu'on aurait dû respecter par reconnaissance ou par honneur. La troisième espèce de perfidie, plus méprisable encore que la seconde, consiste à jouer la discrétion, et à révéler par sa conduite, ce qu'on affecte de cacher; à laisser

voir des choses sur lesquelles on ne serait pas cru, si on les disait hautement. Celui qui trahit ouvertement, s'expose du moins au ressentiment, et s'attire toujours le mépris; au lieu que le manége artificieux dont je parle ne fait pas perdre à celui qui l'emploie, la réputation de galant homme: c'est le poison, encore plus odieux que le poignard."

53.   p. 336. "Les soupçons de ceux qui ont droit d'être jaloux deviennent bientôt des certitudes."

54.   p. 337. "Il y a en amour, comme dans la fausse dévotion, une morale relâchée, une hypocrisie et des subterfuges, au moyen desquels on trahit plus sûrement la probité que si l'on paraissait la respecter moins. On ne s'en impose pas totalement à soi-même; mais on s'étourdit; on se trompe à demi, on trompe totalement les autres; on se débarrasse presque des remords, ou l'on se met du moins à couvert des reproches."

55.   p. 338. "Les femmes les plus raisonnables et les plus sensibles sur la réputation font des plaintes, des reproches, et pardonnent à la fin. La plus forte preuve d'indifférence pour un homme est de cesser de le voir."

56.   p. 338. "Pour un homme qui veut se distinguer dans la carrière où j'entrais, il est assez indifférent qu'on en parle bien ou mal; il suffit qu'on en parle beaucoup."

57.   p. 339. "Elle était distinguée entre celles que l'on connaît sous le titre d'intrigantes. Elles sont en assez grand nombre, sans cependant former un corps; car, quoiqu'elles se connaissent toutes, ce n'est que pour être en garde les unes contre les autres, et s'éviter de peur de se trouver en concurrence et de se traverser. Il y en a de toutes conditions, et toutes ont le même tour d'esprit, souvent les mêmes vues, avec des intérêts opposés. Elles ont quelquefois des départemens séparés, comme si par une convention tacite elles s'étaient partagé les affaires; cependant elles n'excluent rien. Elles peuvent admettre des préférences, mais jamais de bornes. La dévotion et l'amour s'allient également avec l'intrigue. Ce qui serait passion ou genre de vie pour d'autres, n'est qu'un ressort pour les intrigantes; elles n'adoptent rien comme principe, elles emploient tout comme moyen. On les méprise, on les craint, on les menace, on les recherche. Cependant il s'en faut bien que leur crédit réponde à l'opinion qu'on en a, ni aux apparences qu'on en voit; leur vie est plus agitée que remplie. On leur fait honneur de bien des événemens où elles n'ont aucune part, quoiqu'elles n'oublient rien pour le faire croire: c'est la fatuité de leur état. Elles ont le plus grand soin de cacher le peu d'égards et souvent le mépris qu'ont pour elles ceux dont elles s'autorisent avec le plus d'éclat. Qu'il y a des gens en place dont le nom seul sert ou nuit à leur insu! Combien d'intrigantes dont le crédit tire son existence de l'opinion qu'on en a! On le détruirait en le niant; c'est un fantôme qui s'évanouit quand on cesse d'y ajouter foi."

58.   p. 339. "On commence ce métier-là par ambition, par avarice, par

inquiétude; on le continue par habitude, par nécessité, pour conserver la seule existence qu'on ait dans le monde. Une intrigante qui, tant qu'elle est à la mode, est à la fois l'objet du mépris et des égards, tombe dans un opprobre décidé, quand elle est obligée de rester oisive, parce que son impuissance est démasquée."

59. p. 339. "On est souvent étonné du peu d'esprit de la plupart des femmes qui se mêlent d'intrigues, et ce ne sont pas celles qui réussissent le moins bien. Il est encore certain que la plus habile intrigante ne l'est jamais assez pour en éviter la réputation. Cette réputation peut nuire quelquefois à leurs projets; mais elle leur sert aussi comme l'enseigne d'un bureau d'adresses."

60. p. 340. "Elle m'aurait perdu si elle avait cru pouvoir le faire sans éclat, peut-être y travaillait-elle sourdement; mais elle continua à dire froidement du bien de moi. C'est assez le style des intrigantes; elles nuisent, mais elles ne disent pas de mal; la médisance leur paraît une faute de conduite et une maladresse; suivant les circonstances, elles peuvent aller jusqu'à servir hautement ceux qu'elles détestent en secret, en attendant une occasion sûre de se venger; car la haine tient mieux dans leur âme, que l'amour dans celle des autres femmes."

61. p. 341. "Ce n'est pas la seule fois que j'ai reconnu que l'insolence et la timidité ne sont pas incompatibles dans le même caractère."

62. pp. 341-2. "Si l'on y fait attention, on verra que tous les travers de mode ont, comme les arts de goût, leur différens âges, leur naissance, leur règne et leur décadence. Il y a si long-temps que l'amour était un sentiment tendre, délicat et respectueux, qu'on regarde cet amour comme absolument romanesque. Cependant, il y a eu un âge d'honneur et de probité en amour; la discrétion était inséparable, et faisait partie du bonheur; elle était un devoir si essentiel et si commun, qu'elle ne méritait pas d'éloge; l'indiscrétion eût été un crime déshonorant. Ce temps-là est passé.

La première marque de l'affaiblissement du bonheur, ainsi que de la vertu, c'est lorsque l'on commence à en faire gloire. La vanité vint donc s'unir à l'amour, et par conséquent le corrompre. La vanité donna naissance à l'indiscrétion, et celles qui en furent les premières victimes se livrèrent au désespoir. Ce fut alors le beau siècle de la fatuité: mais ce malheur devint si commun, il y eut tant de sujets de consolation dans les exemples, que les motifs de honte disparurent, et les âmes les plus timides se rassurèrent. Enfin, les choses en sont venues par degré au point qu'on voit des femmes prévenir l'indiscrétion par l'éclat qu'elles font elles-mêmes, et mettre par leur indifférence sur les propos du public la fatuité en défaut. On ne pourra plus se faire un honneur de divulguer ce qui ne sera ni caché ni secret; et je ne doute point qu'on ne voie bientôt la fatuité périr, comme les grands empires, par l'excès de son étendue."

63. p. 342. "Il n'y a point de travers qui ne puisse être en honneur, et qui ne tombe ensuite dans le mépris. Tel a été le sort des 'petits maîtres'. On ne

donna d'abord ce titre qu'à des jeunes gens d'une haute naissance, d'un rang élevé, d'une figure aimable, d'une imagination brillante, d'une valeur fine, et remplis de grâces et de travers. Distingués par des actions d'éclat, dangereux par leur conduite, ils jouaient un rôle dans l'État, influaient dans les affaires, méritaient des éloges, avaient besoin d'indulgence, et savaient l'art de tout obtenir. Ce fut ainsi que parurent les d'Épernon, les Caylus, les Maugiron, les Bussi d'Amboise, etc. Cette espèce d'êtres singuliers, presque aussi rares que des grands hommes, n'a pas subsisté long-temps; leurs successeurs, c'est-à-dire, ceux à qui on en donna le nom, n'ayant avec les premiers rien de commun que la naissance et l'étourderie, le titre est presque resté vacant à la cour. On en voit peu qui soient dignes de le soutenir, de sorte qu'aujourd' hui il est relégué dans des classes subalternes ou dans les provinces; on le donne, par abus ou par dérision, à de plats sujets qui ne sont pas faits pour des ridicules de cette distinction."

64. p. 342. "Il n'y a pas jusqu'au vice qui ne puisse dégénérer. Ce qu'on appelait autrefois un 'homme à bonnes fortunes' ne pouvait l'être que par les grâces de la figure et de l'esprit. Avant que d'oser s'annoncer sur ce ton-là, il était averti de son mérite par les prévenances dont il était l'objet, et qu'on lui marquait d'une façon peu équivoque. Trop recherché pour être constant, il était entraîné par la quantité des objets qui venaient s'offrir; l'inconstance était quelquefois moins de son caractère que l'effet de sa situation. Il était léger, sans être perfide: cela est encore changé."

65. pp. 342-3. "Il ne paraît pas que plusieurs de ceux qui sont à la mode aujourd'hui, eussent une vocation bien marquée pour le rôle qu'ils jouent. C'est une profession qu'on embrasse par choix, comme on prend le parti de la robe, de l'église ou de l'épée, souvent avec des dispositions fort contraires. Ce qu'il y a de plus admirable, c'est que cela est parfaitement indifférent pour le succès. Pour être admis et réussir dans cette carrière, il suffit de s'annoncer sur ce pied-là. Vous y voyez briller des gens à qui vous auriez conseillé de travailler à se faire estimer par des vertus, pour se faire pardonner leur peu d'agrément."

66. p. 343. "Mais comment sont-ils tentés d'un métier si pénible? Il n'y a point de profession, point d'objets d'ambition ou de fortune, point de macérations religieuses qui imposent autant de soins, d'embarras, de peines et d'inquiétudes que la prétension d'être un homme à la mode. Tel s'y livre de dessein formé qui, s'il y était condamné, se trouverait le plus malheureux des hommes. Quoi qu'il en soit, on est homme à bonnes fortunes, parce qu'on a résolu de l'être; et l'on continue de l'être, parce qu'on l'a été. On commence ce rôle-là sans figure, on le soutient sans jeunesse; cela devient un droit acquis. On n'aurait pas cru que la prescription pût trouver là sa place."

67. p. 343. "Il y a même, sur cet article, un contraste assez bizarre entre le sort des hommes et celui des femmes. Un homme à la mode conserve sa célébrité, et confirme quelquefois ses droits dans un âge où il devrait les

perdre. Après avoir cessé de plaire, il est encore long-temps capable de séduire. Il semble au contraire que la célébrité d'une femme double son âge. On s'ennuie de certaines beautés, moins parce qu'il y a long-temps qu'on en parle, que parce qu'on en a beaucoup parlé. Il s'en trouve parmi celles-là qui s'attireraient une attention marquée, si elles ne faisaient que de paraître, sans être plus jeunes qu'elles ne le sont. Le public traite assez les femmes comme les spectacles, qui sont courus ou désertés."

68. p. 343. "Si plusieurs réussissent sans avoir les qualités propres à ce qu'ils entreprennent, on en voit d'autres, nés avec les plus grands avantages, excepté le caractère avantageux, rester dans l'obscurité par excès de modestie."

69. p. 343. "Les intrigues s'engagent ou se dénouent par convenance et non par choix. La société dans laquelle on vit, en décide, à peu près comme on résout un mariage dans une famille; de sorte qu'on voit des intrigues de convenance comme des mariages de raison. Il n'est pas même sans exemple qu'on emploie la gêne, et que l'on contrarie le goût de deux amans; il y a de ces liaisons qui se font presque aussi tyranniquement que de certains mariages."

70. p. 345. "J'avais éprouvé plus d'une fois que la beauté ne fait pas toujours naître l'amour, et peut n'exciter qu'une admiration froide; madame de Saintré me fit connaître que l'esprit joint à une figure piquante est toujours sûr de son effet."

71. p. 345. "Les femmes qui s'estiment le plus sont celles qui s'en flattent le moins: c'est une de ces occasions où l'amour-propre ne donne pas de confiance."

72. p. 345. "Un amant qui a des préventions à vaincre, doit les détruire par degrés, se conduire avec prudence, et ne pas compter sur un simple goût qu'on lui marque; dans une telle circonstance on n'a rien à prétendre, si l'on ne vient jusqu'à inspirer une vraie passion."

73. p. 345. "Je m'attachai à plaire à madame de Saintré, et surtout à lui paraître estimable: on commence à le devenir par le seul désir de le paraître."

74. p. 345. "J'intéressai son coeur en intéressant son amour-propre. C'est l'appât le plus sûr pour les gens d'esprit qui sont sensibles, sans quoi ils ne seraient jamais dupes."

75. p. 346. "Le plaisir me suffisait; et, quand il est à un certain degré de vivacité, il suspend la vanité même."

76. p. 346. "Une continuité de succès variés oblige à penser que les honneurs ne se multiplient que pour ceux qui les méritent."

77. p. 346. "Si l'admiration dont nous sommes l'objet nous emporte hors de nous-mêmes, elle nous y ramène quelquefois; nous cherchons, par une secrète complaisance, à nous examiner, pour jouir en détail des perfections

dont l'assemblage peut, en éblouissant nos admirateurs, les empêcher de connaître notre mérite dans toute son étendue."

78. p. 346. "J'ai senti plus d'une fois que, si nous ne jugions que d'après nous-mêmes, nous nous rendrions une justice assez exacte, et que nous nous estimons plus par l'opinion d'autrui que par notre propre sentiment."

79. p. 346. "Ce qui peut nourrir notre présomption excessive, est l'espèce de cour soumise que nous font ceux dont la naissance égale souvent la nôtre; mais qui sont réduits à nous la faire connaître, parce que leurs pères ne se sont pas avisés de venir à la cour, et que la fortune les a tenus, depuis plusieurs générations, dans une obscurité qui ne répond pas à l'éclat de leurs aieux. Une indifférence dédaigneuse nous empêche de leur contester aucune de leurs prétensions; mais, les regardant comme des hommes qui ne tiennent à rien, nous nous contentons de les écarter avec une politesse froide qui les réduit à s'humilier eux-mêmes, pour se rapprocher de nous, sans avoir le droit de s'en plaindre."

80. pp. 346-7. "Ces espèces d'inférieurs, ces petits-cousins de province ne sont pas les seuls à nous gâter; ce qu'on appelle communément de vieux seigneurs y contribuent encore. Ils laissent quelquefois échapper contre nous l'humeur d'une fausse misanthropie; mais ces accès sont courts; une longue habitude de respecter la cour leur inspire une considération machinale pour ceux qui y paraissent avec éclat, et dont on y est occupé, fût-ce par des folies. Nos propos ne leur sont point indifférens; ils nous flattent, nous recherchent, et se servent de notre indiscrétion pour leurs desseins. Ils savent que c'est par nous qu'ils seront instruits des intrigues des femmes et souvent des affaires par les intrigues. En effet, ils ne peuvent avoir pour nos travers ni cette compassion qui naît de l'humanité, ni ce mépris qui pourrait partir de la raison, parce qu'ils ne sont ni citoyens, ni sages. Ce sont des hommes blasés sur les plaisirs, qui, à un certain âge, se livrent à l'ambition, ou plutôt à l'intrigue. Ils veulent achever par leurs soins une fortune qu'ils trouvent presque faite, sans qu'ils y eussent jamais songé. Il n'y a plus que deux caractères dans les gens du monde, la frivolité et l'intrigue."

81. p. 347. "La naissance et le rang décident de la carrière où nous entrons, et de la facilité que nous trouvons à la parcourir; de façon que tous les gens de notre espèce arrivent ordinairement à des termes à peu près pareils, à moins qu'ils ne se soient jetés eux-mêmes dans un avilissement qui les met au-dessous de tout."

82. p. 347. "Ce n'est pas même assez que de s'être avili, pour être écarté des routes de la fortune; il faut encore être malheureux; sans quoi la guerre, l'intrigue, l'hypocrisie, le pédantisme et mille circonstances fournissent les moyens de se réhabiliter à la cour. On y a presque toujours le choix de sa réputation; on la perd, on la renouvelle, on en change dans l'espace d'une année, et l'on peut avoir successivement le coup d'oeil de plusieurs hommes différens; enfin on remarque tout à la cour, on ne s'y souvient de rien."

83. p. 347. "J'avoue qu'on ne méprise point à la cour, mais on y estime quelquefois; et, quelque rang qu'on y tienne, cette estime personnelle répand sur ceux qui la méritent, un éclat qui efface celui des places."

84. p. 348. "Le chevalier de Nisarre... était un homme d'environ cinquante ans, qui, après avoir servi avec distinction, moins par ambition que par devoir, avait quitté le service à la paix. Il avait le coeur droit et les moeurs douces. Son esprit, plus étendu que brillant, ressemblait à une lumière égale qui éclaire sans éblouir, et se porte sur tous les objets. Des hommes médiocres auraient pu vivre long-temps avec lui, sans soupçonner sa supériorité; il n'appartenait qu'à des gens d'esprit de la reconnaître. Son imagination, toujours soumise à la raison, en paraissait moins brillante. Des traits marqués sont quelquefois des éclairs qui ne brillent que par l'opposition des ténèbres. Il y a des têtes à qui leur désordre fait honneur; la confusion imite assez l'abondance. C'est ainsi que les ruines d'un bâtiment médiocre occupent plus d'espace qu'un palais bien proportionné."

85. p. 348. "Les hommes sensés ne plaisent guère qu'à ceux qui sont près de le devenir."

86. pp. 348-9. "Le chevalier, tel que je viens de le peindre, fut celui dont je m'avisai de jouer le jaloux. Je n'étais pas susceptible de cette jalousie qui suppose un amour délicat, qui part d'une défiance modeste de soi-même, et qui est flatteuse pour l'objet aimé. Il y a une autre espèce de jalousie, cruelle pour celui qui la ressent, et assez injurieuse pour la personne qui l'inspire; mais l'amour-propre me défendait encore de celle-là. Ma jalousie était un pur caprice; las d'être uniment heureux, je voulus exercer un empire tyrannique sur la marquise, amuser ma vanité, et faire l'épreuve de sa complaisance. Les hommes gâtés aiment les sacrifices, et j'en exigeai."

87. p. 349. "Les amans n'ont pas toujours quelque chose à se dire; mais ils ont toujours à se parler."

88. p. 350. "L'amitié est un sentiment éclairé qui peut commencer par l'inclination, mais qui doit être confirmé par l'estime, et qui, par conséquent, suppose un choix libre, du moins jusqu'à un certain point. L'amour est un transport aveugle, une espèce de maladie qui prend aux femmes. La préférence que l'amour nous fait donner à un homme sur les autres, est une grâce forcée; l'estime une justice. L'amitié participe de l'une et de l'autre. L'ami a des droits que le temps et la réflexion ne peuvent que confirmer; l'amant n'a que des priviléges qu'un caprice lui donne, qu'un autre caprice lui fait perdre, et que la raison peut toujours lui ôter. Une femme serait trop heureuse de trouver les qualités de l'un et les charmes de l'autre réunis dans la même personne."

89. p. 351. "Le plaisir n'est qu'une situation, le bonheur est un état."

90. p. 351. "Le chevalier a pour moi un sentiment tendre qui se trouve naturellement entre deux amis de différent sexe, et qui, sans être précisément de l'amour, et encore moins de la passion, échauffe le coeur, inspire

les attentions, anime les devoirs de l'amitié, et la rend le charme de la vie."

91. p. 352. "On ne veut pas se défaire forcément d'une passion, l'amour-propre humilié l'irrite de plus en plus; au lieu qu'un homme qui croit sentir l'impossibilité du succès, et qui ne s'est pas compromis, réfléchit, combat ses désirs, et se trouve payé de ses efforts par la gloire de remporter une victoire qu'il ne doit qu'à lui-même. Il lui en reste un sentiment tendre, et l'on est quelquefois aussi heureux par l'amour qu'on ressent, que par celui qu'on inspire."

92. p. 352. "Cependant les choses sont bien comme elles sont; et, loin de vouloir trop donner à l'amitié, je crois que la décence la plus sévère est la sauvegarde du plaisir, et surtout de la constance en amour."

93. p. 352. "Quand une femme est digne de l'amitié, elle ne doit pas se perdre par l'amour."

94. p. 353. "Il n'y a point de passion qui nous soit aussi naturelle que l'amour-propre; toutes les autres doivent composer avec lui; et je doute fort qu'une personne, n'eût-elle que l'orgueil pour vertu, fût tentée du sort de la femme galante la plus heureuse. Que de dégoûts et d'humiliations, qu'il faut prévenir à force de complaisances, ou dévorer avec un dépit caché!"

95. p. 354. "L'amour sent et suit ses mouvemens, la haine raisonne."

96. p. 354. "Mais on n'est pas toujours maître de ses transports, et la passion peut égarer la probité."

97. p. 354. "L'amour heureux peut se déceler, et trahir son objet par l'indiscrétion ou l'imprudence, par l'excès du sentiment, par son bonheur même; mais la vengeance, souvent aveugle dans ses motifs, ne l'est jamais dans ses desseins; on peut se croire autorisé dans la vengeance; mais on n'ignore pas qu'on veut se venger."

98. p. 354. "Avec quelque prduence qu'une intrigue soit conduite, on peut empêcher qu'on ne la sache; mais on n'empêche pas qu'on ne la croie."

99. p. 356. "Heureuse situation d'un homme à la mode, de n'être obligé ni au manége, ni aux ménagemens!"

100. p. 356. "L'ivresse de l'amour n'est pas comparable à celle des airs."

101. p. 356. "L'on n'outrage pas sans scrupule ceux qu'on estime."

102. p. 356. "Je ne pouvais attribuer un tel aveuglement qu'à cette grâce particulière qui fait que les maris ne sont presque jamais instruits de ce qui les regarde: c'est peut-être le seul égard dont le public soit capable."

103. p. 357. "Il est beaucoup plus ordinaire d'y trouver des femmes qui, par des moeurs pures, une conduite irréprochable et une piété sincère, sont l'ornement de leur sexe, que de celles qui franchissent toutes les bornes que les femmes simplement galantes n'oseraient passer. Il n'y en a jamais à la fois que trois ou quatre qui soient comme les plénipotentiaires du vice, pour

protester contre la vertu et les bienséances; et la comtesse était du nombre."

104.   p. 357. "La plus plate réponse est toujours celle qui se présente à un homme qui n'en peut trouver une bonne, parce qu'il la cherche."

105.   p. 358. "Les lois sont faites pour régler nos actions; mais les préjugés décident de nos sentimens: ces préjugés naissent des usages, et ceux de la cour diffèrent totalement de ceux de la ville. Par exemple, un simple particulier est-il trahi par sa femme, le voilà déshonoré, c'est-à-dire ridicule; car en France c'est presque la même chose. Pourquoi? C'est que, s'étant marié à son goût, il est au moins taxé d'avoir fait un mauvais choix. Il n'en est pas ainsi des gens d'une certaine façon, dont les mariages sont des espèces de traités faits sur les convenances de la naissance et de la fortune. Voilà pourquoi nous ne connaissons point parmi nous cette qualification burlesque qu'on donne, dans la bourgeoisie, à un mari trompé par sa femme. En effet, à qui peut-on appliquer ce titre qu'à un homme qui, étant amoureux de sa femme et s'en croyant aimé, en est trahi? Nous ne sommes point dans ce cas-là 'nous autres'; ou, s'il s'en trouve quelqu'un, c'est une exception rare. Remarquez même qu'il n'y a que la première infidélité d'une femme qui donne un pareil ridicule à son mari; pour peu que les amans se multiplient, ou que la chose fasse éclat, il est bientôt détrompé, prend son parti, et rentre dans nos priviléges."

106.   p. 359. "C'est par une suite de cette façon de penser qu'un bourgeois, qui, après s'être séparé de sa femme avec scandale, vient à la reprendre, est plus déshonoré qu'auparavant, parce qu'il s'en déclare publiquement par là le vil esclave. Il y a aujourd'hui plus de séparations, qu'il n'y a eu autrefois de divorces. S'il était encore permis, peu de gens de la cour quitteraient leurs femmes, parce que la manière dont on y vit est une espèce de divorce continuel. Les maris et les femmes y vivent ensemble sans aigreur, et sont toujours en état de se reprendre. Le mari n'est pas obligé d'en rougir; c'est alors un tour qu'il joue aux amans, car il est presque sûr de ne pas trouver de résistance. Les femmes sont naturellement timides; les plus décidées subissent l'ascendant du mari, le craignent et le respectent quand il le veut, à moins qu'il n'en soit amoureux."

107.   p. 359. "Vous ne pouvez nier, lui dis-je, qu'elle n'ait de la grâce. Oh! je m'y attendais bien, reprit Vergi; c'est l'éloge banal qu'on donne à toutes les femmes qui ont l'art de préparer les noirceurs par quelques fadeurs préliminaires qu'elles emploient pour séduire les hommes. Vous êtes tous d'étranges dupes."

108.   p. 360. "Une femme n'a pas communément tant d'égards pour un mari; mais elle pourrait les avoir pour un amant qu'elle ne voudrait pas perdre, et à qui elle voudrait cependant faire une infidélité."

109.   pp. 360-1. "C'est en vain que la vertu s'est élevée contre les désordres de l'amour; l'attrait du plaisir a dû l'emporter. C'est à l'excès de la dépravation, au dégoût du désordre, à l'avilissement des moeurs, c'est au vice

enfin qu'il appartient de détruire les plaisirs et de décrier l'amour. On réclamera la vertu jusqu'à un certain point pour l'intérêt du plaisir. Croyez qu'il arrivera du changement, et peut-être en bien. Il n'y a rien, par exemple, qui soit aujourd'hui si décrié que l'amour conjugal: ce préjugé est trop violent, il ne peut pas durer."

110. p. 361. "Le vice et la vertu sont également d'imitation."

111. p. 362. "Je remarquai que l'habitude des plaisirs subsiste, et peut se tourner en nécessité, quoique le goût en soit usé."

112. p. 362. "Ceux qui n'ont jamais scandalisé le public, en sont moins considérés que ceux qui savent se retirer à propos du scandale."

113. p. 362. "L'amour suffit pour occuper le coeur, et n'a pas besoin de variété, la continuité du sentiment en augmente le charme; mais le plaisir s'éteint dans l'uniformité, et je n'étais entraîné que par le torrent de ce qu'on appelle communément de plaisirs."

114. pp. 362-3. "L'ignorance et le mépris des devoirs produisent le même effet: l'un part d'une éducation fausse; l'autre vient d'un défaut absolu d'éducation. Voilà pourquoi on trouve quelquefois parmi les gens d'une classe supérieure les mêmes moeurs que dans le bas peuple. Mais il y a un ordre dans la société où l'on n'a pas droit aux abus ni aux scandales, et où l'on rougirait de s'avilir. L'éducation y laisse des traces que les passions n'effacent qu'avec peine. Quand une femme de cet état succombe, elle cède à une passion longtemps combattue; elle se rend avec des regrets, et conserve des remords. C'est pour elle qu'on peut dire qu'il y a des momens malheureux, peu de plaisirs et encore moins de tranquillité."

115. p. 363. "Le nom de l'amitié sert également à la vraie et à la fausse pudeur."

116. p. 364. "Mais les remords d'une femme timide encouragent les âmes basses à l'outrager. Il y a des femmes dans l'humiliation, faute d'avoir quelques vices de plus pour s'en retirer; ce sont les plus exposées aux railleries cruelles de ces femmes, intrépides et tranquilles dans le déréglement, qui n'ont pas même l'excuse du plaisir, qui le cherchent et l'inspirent sans le ressentir. Il semble qu'elles ne parcourent tous les degrés du désordre qu'avec dégoût, et par une curiosité froide qu'elles ne sauraient venir à bout de satisfaire."

117. p. 364. "Mais les imaginations vives prennent les motifs extraordinaires pour les meilleures raisons. Il n'est pas si facile de les persuader par un raisonnement suivi, parce qu'elles sont incapables de suite."

118. p. 366. "Qu'il y a de femmes d'un rang mitoyen qui se perdent sans ressource, pour avoir le travers, plutôt que le plaisir de partager les folies du grand monde! Après avoir paru sur les listes des gens à la mode, il ne reste pas à une bourgeoise les moyens de se réhabiliter, comme si elle n'était pas

sortie de sa classe. Ses pareilles s'élèvent contre elle par jalousie encore plus que par honneur, et les femmes du monde cherchent à la punir d'avoir eu l'insolence de vivre comme elles, et à leur préjudice. Une faiblesse d'éclat pour une bourgeoise, et une lâcheté pour un militaire, sont de ces choses dont on ne se relève point; au lieu que la galanterie n'est souvent, dans un rang plus élevé, que le prestige de la dévotion et de la considération qui la suit."

119.   p. 367. "Croirait-on qu'il n'est pas toujours permis d'abjurer la folie avec un éclat qu'un certain public regarde comme un nouveau scandale? On a imaginé une sorte de décence à ne pas abandonner trop brusquement ses travers; il faut tourner à la raison par degrés."

120.   p. 367. "J'avais remarqué plus d'une fois que le service est, en France, la profession la plus honorée, la plus suivie et la moins perfectionnée. Elle sera toujours celle de la noblesse, parce qu'elle en est l'origine; que les fondateurs de la monarchie étaient des conquérans, et que la constitution de l'état est militaire. On exerce cette profession avec honneur, rarement avec application, et presque jamais comme un objet d'étude. La plupart de ceux qui s'y livrent avec le plus d'ardeur, ne soupçonnent pas que la guerre exige autre chose que du courage, et croient que d'avoir vieilli, c'est avoir de l'expérience."

121.   p. 367. "Un grand homme a dit que la guerre était un art pour les hommes ordinaires, et une science pour les hommes supérieurs; il y en a encore beaucoup pour qui ce n'est qu'un métier."

122.   p. 374. "Les précautions des âmes honnêtes sont presque toujours des indiscrétions."

123.   p. 378. "L'amitié ne se prouve pas moins par les biens qu'on reçoit d'un ami que par ceux qu'on lui fait; trop de délicatesse est une défiance injurieuse, et l'on en doit quelquefois le sacrifice au plaisir qu'il a de nous obliger."

124.   p. 379. "Qui dit aujourd'hui une femme respectée, dit une infortunée, trop décente pour se plaindre de certains torts, et qui se respecte assez elle-même pour dévorer ses chagrins. Eh! que gagnerait-elle en effet à réclamer l'équité naturelle, si différente de la justice humaine, puisque le mari le plus authentiquement méprisable trouve souvent encore de la protection dans les lois et de l'approbation parmi les hommes. Il faut qu'il ait bien scandaleusement tort avant que d'en être taxé."

125.   p. 380. "L'estime qu'on mérite ne va guère sans jaloux qui, dans la route de la fortune, deviennent des ennemis suivant les occasions."

126.   p. 380. "Combien de fois ai-je vu donner à la conduite la plus louable des interprétations plus dangereuses qu'une accusation ouverte, qui fournirait à un homme l'occasion de confondre ses ennemis? Il est bien moins cruel pour un honnête homme d'être accusé que suspect, et je n'oserais pas

décider si le mal qu'on fait à la cour, l'emporte sur celui dont on y est faussement accusé.

127. p. 380. "L'amour ferme le coeur à tout autre sentiment."

128. p. 381. "Un nom illustre, qui peut être une ressource et un moyen de fortune pour un homme n'est qu'un malheur de plus pour une fille de qualité que sa naissance met au-dessus des secours d'une certaine nature et au-dessous d'un établissement convenable, et qui souvent n'a pas même le choix des partis dont elle aurait à rougir."

129. p. 381. "Rien n'affaiblit un droit que de paraître en douter, et ... on l'établit souvent en le présentant comme certain."

130. p. 382. "Mais le respect est très-différent du refroidissement. Une femme qui en est l'objet, ne s'y méprend point."

131. p. 382. "Mais les reproches que nous nous faisons, étant un témoignage à nous-mêmes de notre vertu, achèvent de nous la faire perdre, parce qu'en flattant notre amour-propre, ils nous empêchent de nous mépriser, même en nous condamnant.

132. p. 382. "On se juge avec tant d'indulgence, quand on est justifié par son coeur, et qu'on n'est accusé que par la raison!"

133. p. 384. "L'indigence relève encore ceux qu'elle ne saurait avilir."

134. p. 385. "Avec une âme noble, on n'est jamais l'objet d'un procédé estimable, qu'on ne soit d'abord échauffé d'une reconnaissance généreuse."

135. pp. 385-6. "Un bienfaiteur injuste est bien plus à craindre qu'un ingrat. L'ingratitude doit exciter plus de mépris que de douleur; la plus cruelle situation pour une âme haute est d'avoir à se plaindre de ceux à qui l'on doit."

136. p. 387. "On doit pardonner la curiosité qui ne part que du sentiment."

137. p. 388. "La situation tranquille et heureuse dont je jouis, me prouve à chaque instant qu'il n'y a de vrai bonheur que dans l'union du plaisir et du devoir."

BIBLIOGRAPHY

EDITIONS OF DUCLOS

Duclos, Charles Pinot. *Confessions du Comte de ****, ed. Étiemble, in *Romanciers du XVIIIe siècle*. Paris: Pléiade, 1965.
—. *Confessions du Comte de ****, ed. Laurent Versini. Paris: Didier, 1969.
—. *Contes,* ed. Octave Uzanne. Paris: A. Quantin, 1880.
—. *Oeuvres complètes,* ed. Mathieu Villenave. Paris: A. Belin, 1821.

STUDIES OF DUCLOS

Barni, Jules. *Les Moralistes français au XVIIIe siècle*. Paris: Alcan, 1873. pp. 71-115.
Bondois, P. M. "Crébillon et Duclos à la bibliothèque du roi," *Revue d'Histoire Littéraire de la France,* CXXXVIII, 599-602.
Brooks, Peter. *The Novel of Worldliness: Crébillon, Marivaux, Laclos, Stendhal.* Princeton: Princeton University Press, 1969.
Coulet, Henri. *Le Roman jusqu'à la révolution.* Paris: A. Colin, Collection U, 1967. pp. 387-88.
Crocker, Lester G. *An Age of Crisis: Man and World in Eighteenth Century French Thought.* Baltimore: Johns Hopkins Press, 1959. pp. 426-9.
Dimoff, Paul. "Relations de Jean-Jacques Rousseau avec Duclos," *Mercure de France,* (February 15, 1925), pp. 5-19.
Duthil, René and Charles Dédéyan. "Quinze lettres inédits de Bernis à Duclos," *Annales de Bretagne,* LVI (1949), pp. 10-35.
Gilbert, Pierre. "Une résurrection littéraire: Charles Pinot Duclos," *La Revue Critique des Idées et des Livres,* XCV (March 25, 1912), pp. 670-688.
Heilmann, Eléonore. *Charles Pinot Duclos.* Wurzburg: Tritsch, 1936.
Henriot, Emile. "Duclos," *Revue de Paris,* April, 1925, pp. 596-609.
—. *Les livres du second rayon: Irréguliers et libertins.* Paris: Le Livre, 1925.
La Harpe, Jean François de. *Lycée, ou cours de littérature ancienne et moderne.* Paris: Librairie amable Costes, 1813. XIV, 214-23.
Le Bourgo, Léo. *Un homme de lettres au XVIIIe siècle, Duclos, sa vie et ses ouvrages.* Bordeaux: G. Gounouilhou, 1902.

Mc Cloy, Shelby T. "Duclos, Historian and Philosopher," *The South Atlantic Quarterly,* XXXVIII (January, 1939), pp. 60-74.

Mc Ghee, Dorothy. *The Case against Duclos.* St Paul: Hamline University Press, 1949.

Meister, Paul. *Charles Duclos.* Geneva: Droz, 1956.

Penick, Sarah Marianne. *A Study of the Novels of Charles Duclos.* Ann Arbor, Michigan: University Microfilms, 1967.

Sainte-Beuve, Charles Augustin. *Causeries du lundi.* Paris: Garnier, 1869. IX, 204-61.

Schmidt, Albert-Marie. "Duclos, Sade et la littérature féroce," *Revue des Sciences Humaines,* LXII-LXIII (April-September, 1951), pp. 146-55.

Sénac de Meilhan. *Considérations sur l'esprit et les moeurs.* London, 1787.

—. *Portraits et caractères au XVIIIᵉ siècle.* Paris: Poulet-Malassis, 1945.

Skrupskelis, Viktoria. *Duclos as a moralist.* Ann Arbor, Michigan: University Microfilms, 1966.

Toth, Karl. *Women and Rococo in France,* trans. Roger Abingdon. Philadelphia: J. B. Lippincott, 1931.

Trahard, Pierre. *Les Maîtres de la sensibilité française au XVIIIᵉ siècle.* Paris: Boivin, 1932. II, pp. 287-310.

Uzanne, Octave. "Notice bio-bibliographique," in *Contes de Charles Duclos.* Paris: A. Quantin, 1880. pp. i-xc.

Versini, Laurent. "Introduction," in *Confessions du Comte de ***.* Paris: Didier, 1969. pp. vii-lxxxiv.

Villenave, Mathieu. "Notice," in *Oeuvres complètes* of Duclos. Paris: A. Belin, 1821. I, pp. i-xlviii.

GENERAL REFERENCE WORKS

Adam, Antoine. *Histoire de la littérature française au XVIIᵉ siècle.* Paris: Éditions Mondiales, 1958-62. IV, V.

—. *Le Mouvement philosophique dans la première moitié du XVIIIᵉ siècle.* Paris: Société d'édition d'enseignement supérieur, 1967.

Atkinson, Geoffroy. *The Sentimental Revolution: French Writers of 1690-1740.* Seattle: University of Washington Press, 1965.

Auerbach, Erich. "La cour et la ville," in *Scenes from the Drama of European Literature.* New York: Meridian, 1959. pp. 133-79.

Baif, Antoine de. *Poésies choisies.* Paris: Charpentier, 1874.

Barber, W. H., *et al. The Age of Enlightenment: Studies presented to Theodore Besterman.* London: Oliver and Boud, 1967.

Barthes, Roland. "La Bruyère," in *Essais critiques.* Paris: Seuil, 1964. pp. 221-37.

Booth, Wayne C. *The Rhetoric of Fiction.* Chicago: University of Chicago Press, 1961.

—. "The self-conscious narrator in comic Fiction before Tristam Shandy,"

Publications of the Modern Language Association, LXVII (1952), pp. 163-85.

Brunel, Lucien. *Les philosophes et l'Académie Française au dix-huitième siècle*. Paris: Hachette, 1884.

Carmontelle. *Proverbes dramatiques*. Paris: Delongchamps, 1822.

Cassirer, Ernst. *The Philosophy of the Enlightenment*. Princeton: Princeton University Press, 1951.

Chamfort, S. R. N. *Maximes et pensées, caractères et anecdotes*. Paris: 1018, 1963.

Champigny, Robert. *Le Genre romanesque*. Monte-Carlo: Regain, 1963.

Cherpack, Clifton. *An Essay on Crébillon Fils*. Durham, North Carolina: Duke University Press, 1962.

Coirault, Yves. "Un La Bruyère à la Tacite: Les maximes et les portraits dans l'oeuvre et la pensée historique du Duc de Saint-Simon," *Cahiers de l'Association Internationale des Etudes Françaises*, XVIII (March, 1966), pp. 159-66.

Cousin, Victor. *Madame de Sablé*. Paris: Didier, 1877.

Crocker, Lester G. *An Age of Crisis*. Baltimore: Johns Hopkins Press, 1959.

—. "Jacques le Fataliste, an 'expérience morale'," *Diderot Studies*, III (1961), pp. 73-99.

—. *Nature and Culture*. Baltimore: Johns Hopkins Press, 1963.

Deloffre, Frédéric. *La Nouvelle en France à l'âge classique*. Paris: Didier, 1967.

Doubrovsky, Serge. "La Princesse de Clèves: une interprétation existentielle," *La Table Ronde*, CXXXVIII (June, 1959), pp. 36-51.

Ehrard, Jean. *L'Idée de nature en France dans la première moitié du XVIIIe siècle*. Paris: SEVPEN, 1963.

Epinay, Louise Florence, marquise d'. *Mémoires*. Paris: Charpentier, 1865.

Fink, Arthur. *Maxim und Fragment, Grenzmöglichkeiten einer Kunstform*. Munich: Max Hueber Verlag, 1934.

Forster, E. M. *Aspects of the Novel*. New York: Harcourt, Brace and World, 1954.

Frohock, W. M. *Style and Temper*. Oxford: Blackwell, 1967.

Gay, Peter. *The Enlightenment: An Interpretation*. New York: Knopf, 1966.

Goncourt, Edmond and Jules de. *La Femme au XVIIIe siècle*. Paris: 1929.

Gorer, Geoffrey. *The Life and Ideas of the Marquis de Sade*. New York: Norton Library, 1963.

Green, Frederick C. *French Novelists, Manners and Ideas*. New York: Frederick Ungar, 1964.

—. *Minuet: A Critical survey of French and English literary ideas in the eighteenth century*. New York: Dutton, 1935.

Greshoff, C. J., *Seven Studies in the French Novel*. Cape Town: Balkema, 1964.

Grubbs, H. A. "La Genèse des 'Maximes' de La Rochefoucauld," *Revue d'Histoire Littéraire de la France*, XL (1933), pp. 17-37.

—. "The Originality of La Rochefoucauld's Maxims," *Revue d'Histoire Littéraire de la France,* XXXVI (1929), pp. 18-59.

Harvey, W. J. *Character and the Novel.* Ithica, New York: Cornell University Press, 1965.

Hazard, Paul. *The European Mind.* New York: Meridian, 1963.

—. *European thought in the Eighteenth Century.* New York: Meridian, 1963.

Kruse, Margot. *Die Maxime in der Französischen Literatur.* Hambourg: Cram, de Gruyter & Co., 1960.

La Bruyère, Jean de. *Les Caractères.* Paris: Garnier, 1962.

La Fayette, Madame de. *Romans et nouvelles.* Paris: Garnier, 1961.

Lafond, J. L. "Les Techniques du portrait dans le 'Recueil des portraits et éloges' de 1659," *Cahiers de l'Association Internationale des Études Françaises,* XVIII (March, 1966), pp. 139-48.

Lanson, Gustave. *L'Art de la prose.* Paris: Librairie des Annales, 1908.

La Rochefoucauld, François, duc de. *Maximes et mémoires,* ed. Jean Starobinski. Paris: 1018, 1964.

Laufer, Roger. *Style rococo, style des "lumières".* Paris: Corti, 1963.

Leiner, M. W. "Du portrait dans les épitres liminaires," *Cahiers de l'Association Internationale des Etudes Françaises,* XVIII (March, 1966), pp. 149-58.

Leroy, Maxime. *Histoire des idées sociales en France.* Paris: Gallimard, 1946.

Levrault, Léon. *Maximes et portraits-évolution du genre.* Paris: Paul Mellottée, 1933.

Lubbock, Percy. *The Craft of Fiction.* New York: Viking Press, 1968.

Magny, Claude-Edmonde. *Histoire du roman français depuis 1918.* Paris: Seuil, 1950.

Martin, Kingsley. *French Liberal Thought in the Eighteenth Century.* New York: Harper, 1962.

Mautner, Franz H. "Der aphorismus als literarische Gattung," *Zeitschrift für ästhetik und allgemeine kunstwissencheft,* XXVII (1933).

Mauzi, Robert. *L'Idée du bonheur au XVIIIe siècle.* Paris: Armand Colin, 1967.

May, Georges. *Le Dilemme du roman au XVIIIe siècle.* New Haven: Yale University Press, 1963.

—. "L'Histoire a-t-elle engendré le roman? Aspects français de la question au seuil du siècle des lumières," *Revue d'Histoire Littéraire de la France,* LV, pp. 155-76.

—. "Novel Reader, Fiction Writer," *Yale French Studies,* XXXV, pp. 5-11.

May, Gita. "Les 'Pensées détachées sur la peinture' de Diderot et la tradition classique de la 'maxime' et de la 'pensée'," *Revue d'Histoire Littéraire de la France,* January, 1970, pp. 45-63.

Molière. *Oeuvres complètes.* Paris: Garnier, 1962.

Montaigne, Michel de. *Essais.* Paris: Classiques Larousse, 1934.

Montesquieu, Charles-Louis de Secondat, baron de La Brède et de. *Oeuvres complètes*. Paris: Seuil, l'Intégrale, 1964.

Moore, Will G. "La Rochefoucauld et le mystère de la vie," *Cahiers de l'Association Internationale des Etudes Françaises*, XVIII (March, 1966), pp. 103-11.

Mornet, Daniel. *La Pensée française au XVIIIᵉ siècle*. Paris: Armand Colin, 1962.

Muir, Edwin. *The Structure of the Novel*. New York: Harcourt, Brace, and World, 1969.

Mylne, Vivienne. *The Eighteenth Century French Novel: Techniques of Illusion*. Manchester, England: Manchester University Press, 1965.

—. "Structure and Symbolism in Gil Blas," *French Studies*, XV (1961), pp. 134-45.

O'Brien, Justin. *The Maxims of Marcel Proust*. New York: Columbia University Press, 1948.

Paquot-Pierrot, Léon. *L'Art du portrait chez La Bruyère*. Brussels: Collection Lebègue, 1948.

Pascal, Blaise. *Oeuvres complètes*. Paris: Seuil, l'Intégrale, 1963.

Poulet, Georges. *Trois essais de mythologie romantique*. Paris: Corti, 1966.

Ratner, Moses. *Theory and Criticism of the Novel in France from the "Astrée" to 1750*. New York, 1937.

Ricardou, Jean. *Problèmes du nouveau roman*. Paris: Seuil, 1967.

Robbe-Grillet, Alain. *For a New Novel*. New York: Grove Press, 1965.

Rosso, Corrado. "Démarches et structures de compensation dans les 'Maximes' de La Rochefoucauld," *Cahiers de l'Association Internationale des Etudes Françaises*, XVIII (March, 1966), pp. 113-124.

—. *La Maxime: saggi per una tipologia Critica. Naples*: Edizioni Scientifiche Italiane, 1968.

Rousset, Jean. *Forme et signification*. Paris: Corti, 1964.

Sade, Donatien Alphonse F., marquis de. "Notes on the Novel," *Yale French Studies*, XXXV, pp. 12-19.

Sainte-Beuve, Charles Augustin. *Portraits littéraires*, ed. Maxime Leroy. Paris: Pléiade, 1951.

Saint-Evremond. *Oeuvres*. London: Tonson, 1725. IV.

Saint-Simon, Louis de Rouvroy, duc de. *Mémoires*. Paris: Bordas, 1965.

Saisselin, Rémy G. *Taste in Eighteenth Century France*. Syracuse, New York: Syracuse University Press, 1965.

Sauer, Adolf. *Das aphoristische Element bei Theodor Fontane*. Berlin: Verlag Dr Emil Ebering, 1935.

Schalk, Fritz. "Das Wesen des französischen Aphorismus," *Die Neueren Sprachen*, 1933.

Scholes, Robert, and Kellogg, Robert. *The Nature of Narrative*. New York: Oxford University Press, 1966.

Sévigné, Madame de. *Lettres*. Paris: Pléiade, 1957.

Seylaz, Jean-Luc. *Les Liasons dangereuses et la création romanesque chez Laclos.* Geneva: Droz, 1965.

Sorel, Charles. *La Vraie histoire comique de Francion.* Paris: Emil Colombez, 1858.

Stendhal. *Correspondance,* ed. Henri Martineau. Paris: Le Divan, 1933. V.

—. *Oeuvres intimes.* Paris: Pléiade, 1955.

Stewart, Philip. *Imitation and Illusion in the French Memoir Novel, 1700-1750: The Art of Make-Believe.* New Haven: Yale University Press, 1969.

Sypher, Wylie. *Rococo to Cubism in Art and Literature.* New York: Vintage, 1966.

Taylor, Archer. *The Proverb.* Hatboro, Pennsylvania: Folklore Associates, 1962.

Thelander, Dorothy R. *Laclos and the Epistolary Novel.* Geneva: Droz, 1963.

Tieje, Aruthur Jerrold. "A Peculiar Phase of the Theory of Realism in Pre-Richardsonian Fiction," *Publications of the Modern Language Association,* XXVIII (1913), pp. 213-52.

Todorov, Tzvetan. *Littérature et signification.* Paris: Larousse, 1967.

Truchet, Jacques. "Le succès des 'Maximes' de La Rochefoucauld au XVIIe siècle," *Cahiers de l'Association Internationale des Etudes Françaises,* XVIII (March, 1966), pp. 125-37.

Turnell, Martin. *The Classical Moment.* London: New Directions, 1947.

Ullmann, Stephen. *Style in the French Novel.* Oxford: Blackwells, 1964.

Urfé, Honoré d'. *L'Astrée,* ed. Hugues Vaganay. Lyon: Pierre Masson, 1926.

Varga, A. Kibedi. "La désagrégation de l'idéal classique dans le roman français de la première moitié du XVIIIe siècle," *Studies on Voltaire and the Eighteenth Century,* XXVI (1963), pp. 965-998.

Vauvenargues, Luc de Clapiers, marquis de. *Oeuvres choisies.* Paris: Classiques Larousse, 1937.

Watt, Ian. *The Rise of the Novel.* Berkeley: University of California Press, 1957.

Willey, Basil. *The Eighteenth Century Background.* Boston: Beacon, 1940.

Zeller, Sister Mary Francine. *New Aspects of Style in the Maxims of La Rochefoucauld.* Washington, D. C.: Catholic University of America Press, 1954.

INDEX